The New Standard

渓流釣り入門

BOOK 1

シンプル・イズ・ベストの仕掛けで
"泳ぐ宝石"に出会うノウハウを
網羅した超バイブル誕生

白滝治郎

つり人社

目次

1章　すべてを始める前に—渓流釣り10のエッセンス

BOOKデザイン　佐藤安弘（イグアナ・グラフィックデザイン）
イラスト　廣田雅之

1章

すべてを始める前に

―渓流釣り10のエッセンス

サオ1本、シンプルな仕掛けと装備でひとり山河に溶け込む渓流釣り。
目の前の清冽な流れは、果てしなく美しく、そのうえ変幻自在。
それは渓魚を守り、渓流マンを魅了すると同時に悩ませる自然のメカニズムだ。
本章ではそんな渓流釣りの全体像をまず感じ取ってほしい。

何もかもがシンプルで奥深い！

渓流釣りの世界へようこそ

渓流エサ釣りの世界へようこそ！世の中には実にたくさんの魚がいて、それぞれに釣りのジャンルがあります。そのなかでも渓流のエサ釣り（以下、渓流釣り）は、釣りの原点に近いシンプルさと、奥深さを併せ持つ魅力にあふれています。

サオにイトを付けて、ハリを結びます。仕掛けを投入して沈めるためにガン玉と呼ぶごく小さなオモリを付け、仕掛けを見失わないように小さな目印を2～3ヵ所に付けます。

この単純なタックルで奥山の渓流に棲むヤマメやアマゴ、イワナといった渓流魚（以下　渓魚）に対峙するところに渓流釣りの面白さがあります。

渓流を上流に向かって釣り上がる（釣り歩く）ことを遡行するといいます。釣り人はここぞと思うポイントを見つけると立ち止まり、細く軽い仕掛けを操って流れに乗せ、エサを待つ渓魚の鼻先へ流してやります。今の釣り道具は、初めて目にする人ならドキッとしてしまうほど高機能・高性能です。サオは細身で軽く、イトもまたとても細くしなやかで、これらを使いこなすだけでも大きな楽しみとなるでしょう。

渓魚がエサをくわえるとほんの一瞬、目印にアタリ（変化）が出ます。釣り人はそれを見逃すことなくハリ掛かりさせて取り込みます。この一連の動作をイメージどおりにソツなくこなせるか否かが上級、中級、初心者の釣果の差となって表われるのが渓流釣りの本質であり、奥深さだと思います。

初めて渓流釣りに挑戦する初心者が実際に流れに足を踏み入れ、漠然とサオを振ってもおそらく渓魚は微笑んでくれません。でも、何も臆することなどないのです。先にも述べたとおり渓流釣りは至ってシンプルです。決して小難しい釣りではありません。そして、知れば知るほど新たな発見があり魅力の扉が開く奥深い釣りです。

1尾の渓魚を手にするためには、まず渓流というフィールドと、そこに棲む神経質な渓魚を知ることから始めてみましょう。

次は、渓魚へのアプローチを考えながら、渓魚との出会いの場面を増やしていくことです。神様のように上手な名手でさえ、数々の失敗を繰り返しながら少しずつ腕を上げてきたのです。

本書では、これから渓流釣りを始めようとする人、渓流釣り初心者が、何よりも先に渓流釣りの本質を理解し、スムーズに実践へ移せるように分かりやすく解説しました。釣行前に本書を熟読いただき、釣行から帰ったらもう1度読み直して復習していただくことによって、より早く渓流釣り初心者の域を脱して、中級から上級者への道を歩んでいただけると思います。

渓流釣りは、釣りの原点といっていいシンプルさと奥深さを併せ持つ。一度その魅力を知ったら、きっと虜になるだろう

この素晴らしい環境で宝石のような魚たちと出会えるのは、渓流マンに与えられた特権だ。しかし渓流域は、野生生物の聖域でもあることを心しておこう

「渓流」という環境

それは美しい〝生きる宝石〟が潜む流れ

一般に釣り人の間でいう「渓流」とは川の上流部のある程度急な傾斜を流れ下る流域を差します。それらの多くは山間部に属します。

渓流域では車を停め、しばらく歩いて人里を離れ、ようやく釣り場へ到着するような川も多く存在します。そこには日々の生活では味わうことができない、ワクワクするような景色と、あくまで澄みきった川の流れがあります。周りは木々に囲まれ、聞こえるのは自然の音のみ。吹く風までもが新鮮さを感じることのできる素晴らしい環境です。

一方で、予想もつかない危険が待ち受けているのもまた渓流です。

急激に変化する山の環境は、時に釣り人に死をも予感させるような試練を与えることがあります。それまで晴れていた空が急にかき曇って豪雨となり、川が急激に増水する鉄砲水という現象や土砂崩れ、また雪解けの季節には日が昇るにつれ雪代（雪解け水）が入り、川通し（流れ沿いに釣り上がること）ができなくなることもあります。

また、夢中で渓流を遡行するうちに体力が限界となり帰れなくなった、などということも時には耳にします。

渓流域の多くは、普段人が足を踏み入れることが少ない野生生物の聖域でもあります。時にはクマと遭遇することも考えられます。あるいはカモシカが対岸の崖から、こちらをじっと見ていたりすることもあるでしょう。

釣り人はこの素晴らしい環境に溶け込める一方で、渓流には多くの危険も潜んでいることをよく理解し、心して足を踏み入れなければなりません。そして、そんな渓流に棲む生きる宝石ともいえる渓魚を手にすることができるのも、私たち渓流マンに与えられた特権なのです。

ヤマメ。凛々しい美しさから渓流の女王とも称される

イワナ。川の最上流部に棲む。独特な魅力とともに根強い人気がある

ニジマス。渓流魚を釣らせる釣り堀ではもっともポピュラーな魚でもある

アマゴ（2尾とも）。魚体に散りばめられた朱点がヤマメとの違いだ

渓魚を知る

陸封されたサケの種族と仲間たち

自然豊かな渓流には、どんな種類の渓魚がいるのでしょう。一般に渓流釣りの対象となるのは、イワナ、ヤマメ、アマゴといった、日本在来の渓魚です。そのほかに、ニジマスなどの放流魚が居ついているところもあります。

渓流域の中で、一番上流の源流部に棲むのがイワナです。昔話などにもよく登場するイワナは、ある意味神秘的で神経質な一面があります。一方で、釣り人からみると貪欲にエサを捕る魚で、ヤマメやアマゴに比べると釣りやすい魚とされています。

イワナの生息域よりも下流に棲むのがヤマメやアマゴです（イワナと混生しているところもあります）。ヤマメとアマゴは非常によく似た魚で、どちらも体側にパーマークと呼ばれる小判型の模様があります。そしてアマゴには朱点がありますが、ヤマメには見られません。パーマークはサケ科魚類の幼魚期の特徴とされています。つまり、ヤマメやアマゴは幼魚期の特徴を持ったまま渓流域に陸封され、成長した魚であるということができます。

ヤマメが海へ降りて大きく成長したものがサクラマス、アマゴが海へ降りて大きくなったものがサツキマススです。これらの魚が大もの釣りのターゲットとなっている川もあります。

渓魚は視覚でエサを捕る敏感で神経質な魚です。流れに定位しながら流下するエサを見つけて捕食しますが、不自然な流れ方をするエサには見向きもしないこともあります。

渓流釣りで相手にする魚たちはこんなにも狡猾《こうかつ》ですから、釣り人も心して臨まなければならないのです。

エサを知る

渓魚は何を食べて生きているのか

ピンチョロ

渓流釣りは、仕掛けの先に結んだハリにエサを付けて渓魚の鼻先に流し、食わせる釣りですが、その中で重要なウエイトを占めるのがエサです。

あきらかに渓魚が付いていると思われるポイントへしっかり仕掛けを流しているのに、反応がないことがあります。そんな時は渓魚のエサの嗜好と釣り人の使うエサが違うことが考えられます。

渓流釣りのエサは、渓魚が最もよく捕食するものがベストと考えられます。その多くは、釣り人の間で川虫と呼ばれる水生昆虫類です。

ひと口に川虫、水生昆虫といってもいろいろな種類がいます。釣行する川によって、季節によっても微妙に変わってきます。したがって川虫は現地の渓流で採るのが一番。あるいは渓流に入る前の本流などで採ります。

川虫以外の代表的なエサ

ミミズ

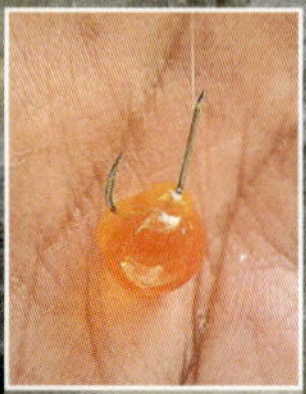
イクラ

ブドウムシ

渓流釣りの主な川虫エサ

エサはその川のその時期に最も適したものを選ぶことが基本。鮮度やハリへの付け方も釣果に直結する大事な要素

ポイント、それは刻々と変化する

渓魚はいつも同じ所にいるとは限らない

渓魚が付く流れにはいくつかの特徴がある。それを目の前の流れからいかに読み取るか

降雨で濁りの入った流れ。増水によりポイントが不明瞭になり、平水時には陸だったところまでポイントのように見えてしまうことも

渓流に立ち、仕掛けをセットしていよいよ釣り開始。ただ、むやみに流れに仕掛けを入れても渓魚はなかなか食ってきません。渓魚は流れのどこにでもいるわけではないからです。

渓魚が付いている流れには、ある特徴があります。渓流という狭小な、しかも清冽な流れに棲む渓魚にとって、天敵から身を守るためにはまず魚体を隠す場所が必要です。それは多くの場合、岩陰や水深の深いところなどです。白泡や波立ちによって魚体を隠すことができる流れもその1つといえます。また、渓魚が体を安定させ、定位しやすい程度の流速も渓魚が付く流れの要素といえます。

しかし、魚体を隠してばかりでは生きていけません。そこで流れてくるエサを捕食しやすい場所が必要となります。それはどんなところでしょうか?

渓魚のエサである水生昆虫類は小さな虫で、その多くは川の流れに乗って流下します。つまり、流れが集まる場所=流下するエサが豊富な場所となり

渇水により細く、浅く、底が丸見えになった流れ。河原の白さもしばらく降雨がないことを物語っている

得ます。複数の流れが集まってくる、流れの集束部分が、渓魚が付きやすい流れです。これを釣り人は流れの「揉み合わせ」とも呼びます。

これらを総合して川の流れを観察すると、渓魚が付きやすい場所＝渓流釣りのポイントが見えてきます。それは石にぶつかった流れが分かれてふたたび集まるところであったり、流心の際であったりします。

ところが、そのポイントもいつも同じとは限りません。季節によって変わってきます。それには水温の変化にともなう渓魚の活性の変化が大きく影響していると思われます。また、同じポイントでも朝は駄目で午後は釣れたり、その逆もあったりします。

川の水量によってもポイントは変化します。平水時には最高の流れでも、増水時や渇水時には渓魚が他へ移動してしまうようなポイントもあります。

渓流釣りのポイントは、刻一刻と変化するものであるということを頭に入れておきます。

接近は超慎重に

魚とヒトの距離は伸び縮む

物音や人影に敏感な渓魚を釣るためには、ポイントへのアプローチも重要です。川岸でバタバタしたり、何も考えず水中をジャバジャバ音を立てて歩くなどは論外です。敏感な渓魚は驚いてあっという間に逃げ去り隠れてしまいます。

これから釣ろうとするポイントには静かに近づくこと。かつ、できるだけ離れて立ち位置を決めます。渓魚は流れの中に定位しており、川の上流を向いています（流れに頭を向ける）。釣り人は気配を感じ取られないように、渓魚の下流側から近づきサオをだします。

釣り人の立ち位置は、川のようすによって異なってきます。渓流にありがちな、川幅が狭く両岸も狭い渓相では、基本どおりポイントの下流に立ち位置を決め、上流に向かって仕掛けを投入

静かにしゃがんで仕掛けを流す。水深のあるポイントでも、流心手前を流す時はやはり気配を消して臨みたい

1

します。最も典型的な例は、両岸が切り立ったところにある滝壺のような落差の大きいポイントなどです。

一方、ある程度広い河原があり、川の流れから離れて立ったり、隠れることができる岩などがある場所では、ポイントの正面（流れに対して直角）に立っても充分に渓魚との距離が保てます。また、ポイントに正対することで、下流に立つよりも仕掛けが流しやすくなります。

ザラ瀬を釣る場合などでも、仕掛けを流す距離を長くしたほうが有利なポイントでは、あえて上流（といっても実際は斜め上流ということになります）に立つこともあります。

渓流釣りでは、ポイントへのアプローチとサオを振る時の立ち位置次第で、渓魚に出会える確率が大きく変わります。渓魚からできるだけ離れることが、渓魚との距離を縮めること、つまり出会える可能性を高めることにつながるのです。

ポイントから離れた岩陰から奥の淵尻に仕掛けを流し、アマゴを掛けて抜いた瞬間。不用意に岩の前に立っていればこの魚は出なかっただろう

日陰から日向のポイントを釣る。日差しもまた立ち位置や魚との距離に影響を与える要素だ

FIELD TESTER
DAIWA

仕掛けを流す3大基本

立てる、張らない、緩ませない

渓流釣りにおける釣果の分かれ目、それはエサを付けた仕掛けが上手く渓魚の鼻先へと流れるかどうかにかかっているといっても過言ではありません。

渓魚が敏感かつ狡猾な魚であることは前にも説明したとおりです。不自然な流れ方をするエサには振りむいてくれません。そこで、できるだけ自然にエサを流すための流し方を、釣り人の間ではナチュラルドリフトと称しています。この流し方は、仕掛けを立ててあくまで自然に流すという方法で、渓流釣りにおける流し方の基本となります。

実際の流し方はこうです。まず仕掛けの目印は水深とほぼ同じか、やや高めの位置にセットします。仕掛けを振り込んで水面に着水したらサオを起こし（立て）、仕掛けを流れと垂直に近いところまで立ててから流し始めます。このまま、仕掛けを立てた状態を維持して流していきますが、ここで注意するのは目印をブラさないことです。目印がブレる＝仕掛けがブレるですから、水中でエサが踊って不自然な動きになり、渓魚が反応してくれなくなります。

仕掛けをブラさずに流すコツは、仕掛けを必要以上に張らないことと、緩ませないことです。極端な例では、仕掛けを引っ張りすぎていてエサが浮いてしまったり、逆に緩めすぎると根掛かり（ハリやイトが水中の障害物に引っ掛かる）が起こりやすくなります。

仕掛けは「立てる」「張らない」「緩ませない」。この3原則を確実に行なうためには、仕掛けのセッティングも大切です。水深、水流に合った目印の高さとオモリの選択が重要となります。

目印が水面のやや上を滑るように、ジワッと移動するような流し方ができるようになれば、一人前の渓流マンといってよいでしょう。そんなに難しいことではありません。基本に忠実に、実践あるのみです。

ナチュラルドリフトで人工物の仕掛けを自然の流れになじませる。不自然さを感じさせるエサには、渓魚はだまされない

出会いのチャンスは一瞬
集中力の途切れは失敗を呼ぶ

渓魚との出会いは、一瞬の出来事。集中力を切らさず、わずかな変化を見逃さないこと

渓魚と出会う確率はサオを振る回数に比例するといいますが、実際は一流し必中で釣りたいものです。

渓魚が定位するポイントの上流へ仕掛けを振り込み、鼻先へエサを流してやります。目印の動きに集中して微かな変化も見逃さないように……アタリが出たら即合わせます。この、アタリが出た瞬間の対応が、渓魚を手中に収められるか否かの分かれ目になります。アワセが遅れたり、強く合わせすぎてイトが切れてしまったりしては元も子もありません。

バラし方にもよりますが、一度バラした魚はその日はまず口を使うことはありません。合わせ損なってハリに触っただけの魚でも警戒心が増して釣りづらくなるものです。

アタリが出なかったらもう一度振り込んで同じ操作をします。何投目かにようやくアタリが出ることもあるので、集中力を切らさないように。

しかし、人間の集中力はなかなか持続しにくいのも事実です。時々アタリがあったり、魚の気配が感じられればよいのですが、全く気配が感じられない時間が続くと、つい漫然と仕掛けを流しがちになります。そしてそんな時に限って、突然アタリが出ることが多いものです。当然アワセ損ないやバラシの憂き目に遭うことになります。

渓流釣りでは、渓魚との出会いはまさに一瞬の出来事です。この一瞬の出会いをものにするためには、サオを握ったら常に集中して釣りをすることです。ちょっとした油断が後悔につながります。

1

釣り人と渓魚の1年
季節を知り、渓魚を知り、己を知る

渓流釣りは、季節の移り変わりを肌で感じられる釣りです。例年3月には渓魚の禁漁が解け、渓流シーズン開幕。中には2月、遅いところでは4月に解禁する河川もあります。ただ、早春とはいえ山に囲まれた渓流はまだ冬真っ盛り。雪中の釣りも普通にあります。凍えそうな手に息を吹きかけ、時には水に濡れた目印が瞬時に凍る状況の中で目印を追い、モゾッとしたアタリで合わせると、渓魚が水面を割って出ます。多くの魚体はまだ痩《や》せて、サビが残っていますが、シーズン開幕を実感できる瞬間です。

雪が解け始め、雪代が入って流れを潤すようになると、いよいよ渓魚が動き始めます。雪代が収まる頃には渓流も本格的な春を迎え、渓魚の活性も徐々に高まります。それまで淵などの緩やかな流れでしか釣れなかったのが、瀬に出て活発にエサを追うようになります。

新緑が芽生える季節は、渓流釣りが最も楽しい時期。増水後の引き水時などは数がねらえるチャンスで、渓流マンも1年で最も足繁く通うことになります。一方で山の生き物たちも一斉に活動し始めます。クマの生息域では、子連れのクマに遭遇する危険も。私も過去に恐ろしい目にあったことがあります。

梅雨が明けると渇水と高水温の夏。一転して渓魚の活性は鈍ります。「夏ヤマメ、一里一尾」ということわざどおり、釣り人の流すエサにはなかなか反応しません。この時期は辛抱の釣りを強いられることが多いですが、夏の渓魚の付き場さへ心得ていればそれなりの釣果は約束されます。何より緑の木々に囲まれ、小鳥のさえずりを全身に浴びて渓流に溶け込むことができる清々しさは、渓流マンに与えられた特権といえるでしょう。

さらに暦は進んで秋へ。渓流の季節の移り変わりは早く、禁漁目前です。渓魚は産卵期を前にして活発にエサを追い、「秋口の荒食い」などといって終盤の釣りが楽しめます。しかしこの時期、渓魚はすでに抱卵したり、白子を持っています。また新子と呼ばれる0歳魚もよく釣れるので、来シーズンに向けての資源保護の意味からも釣りすぎは慎みたいものです。早い河川では9月上旬、遅くても10月には禁漁を迎え、渓流釣りシーズンは終了となります。

冬の渓魚は岩陰に隠れてじっと春を待ちます。釣り人にとってはシーズンの反省を踏まえ、来シーズンに向けてのイメージトレーニングの季節となります。

渓流マンの心得

これを読んだら次に進もう

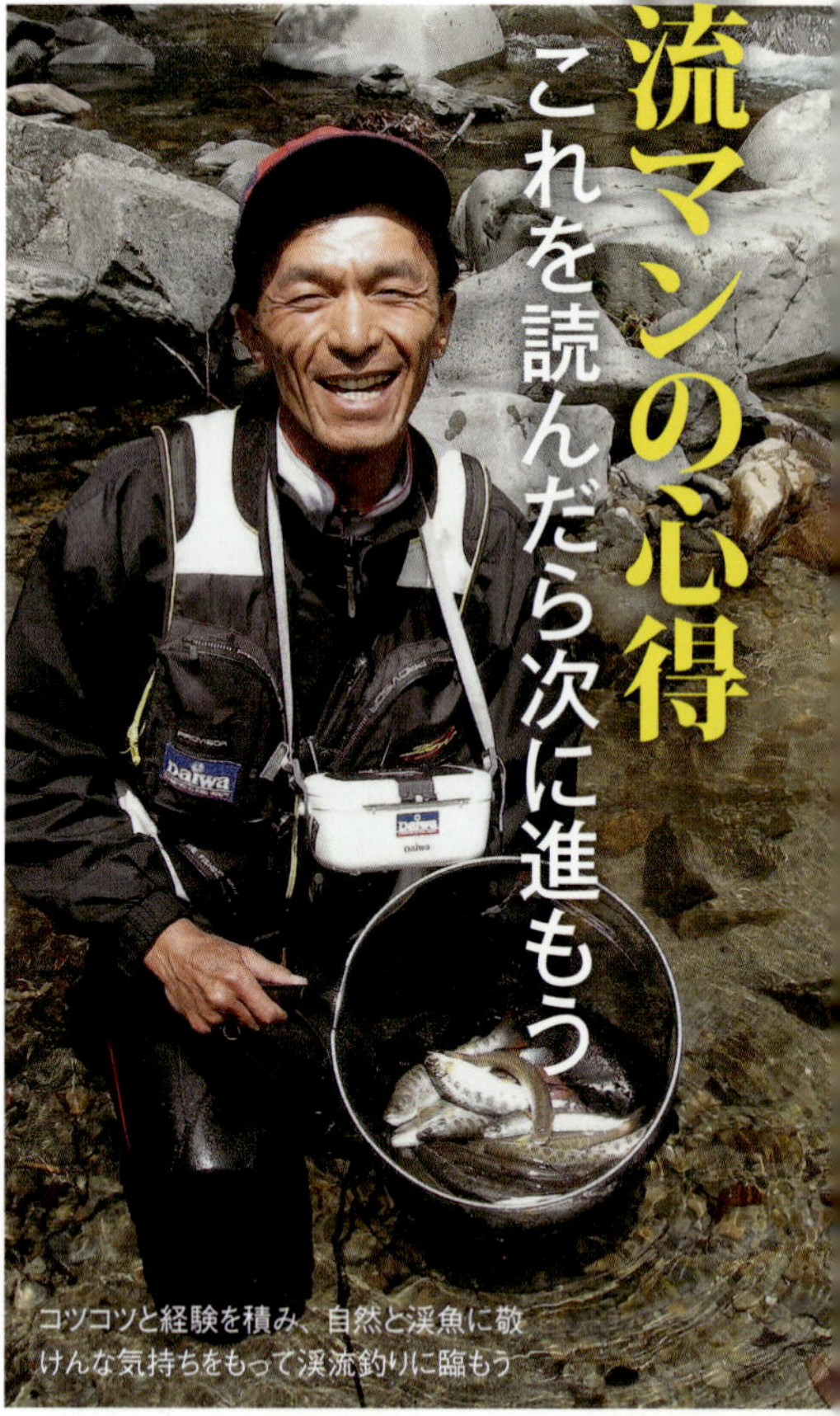
コツコツと経験を積み、自然と渓魚に敬けんな気持ちをもって渓流釣りに臨もう

渓流は常に変化しています。前回釣れたのに今日はさっぱり釣れない、そんなことがよくあります。一方で、前回は釣れなかったポイントで大釣りできることもあります。まさに「昨日の川は今日の川にあらず」、釣り人は常に新鮮な気持ちで集中力を維持しないと、渓魚は微笑んでくれません。

　とはいえ一日中釣りをしているとミスは出ます。ポイントへのアプローチがまずい、仕掛けの流し方が悪かった、アワセの失敗……。帰宅後は反省と問題点の解決を模索することが次回の釣果に結びつきます。そして問題点が見つかっても見つからなくても、ぜひ本書を読み直してみてください。時には同じような内容が何度か登場しますが、それには意味があります。

　渓流釣りは「川に馴染み、川を知り、渓魚を知る」ことと肝に銘じましょう。経験は何物にも勝る向上の礎です。

　渓流に限らず、すべての釣りである程度の釣果を求めるのは当然で、たくさん釣れれば楽しさもより大きくなります。しかし渓流釣りは、閉鎖的な環境の水域での釣りです。多くの人がより多くの釣果を求めれば、資源減少の事態を招きかねないことも事実です。

　私たちは、いつまでも楽しい釣りができるように必要以上の渓魚を持ち帰らないようにしたいものです。フライフィッシングの世界では、渓魚のキャッチ&リリースは常識です。釣った魚をすべてリリースせよ、とはいいませんが、家族が食べるぶんだけを持ち帰るといった配慮も必要ではないでしょうか。

　渓魚が棲む渓流への心配りも忘れてはいけません。ゴミやタバコの吸い殻を捨てるなどは論外で、むやみに立木を折ったり、無用なたき火をしたりして渓流を傷つけることは慎みましょう。

　渓流で遊ばせてもらっているという謙虚な気持ちを忘れなければ、きっといつまでも渓魚の豊富な素晴らしい渓流が釣り人を待っていてくれると思います。

　さあ、いよいよ次は渓魚と出会うための具体的な準備です。

2章

必須の準備

渓流釣りは、川の流れに立つ前からすでに始まっている。
道具選び、仕掛け作り、それらに必要な知識と手順。
準備を整えるということは、ただ用意をするだけの行為ではない。
ビギナーにとってはそれらのすべてが大切な経験であり、
流れを前にした時の自信にもつながるだろう。
堂々と渓魚と対峙するための第一歩は、この準備にこそある。

サオ

小継渓流ザオの中から長さと調子を見て選ぼう

最初の1本を決めるポイント

サオは渓流マンの腕の一部、武士の刀と一緒です。じっくり選びましょう。

渓流ではブッシュをくぐっての移動や、サオを仕舞って岩場を高巻く（迂《う》回《かい》すること）ことが頻繁にあります。そこで仕舞い寸法の短い小継仕様の渓流ザオが候補の中心となります。

この先の選択ポイントは大きく2つです。1つは長さ。渓相（規模や障害物の密度など）にもよりますが、長いほど警戒心の強い渓魚から距離を置けます。通常4・5〜6・0mの範囲で、1本選ぶなら6mで手元を仕舞って使えるマルチ仕様がよいと思います。

次に調子。硬さと曲がり方が重要です。サオには硬調、中硬調などの硬さや、抜き調子などの表示があります。しかしこの表示には統一規格がないため、単純には比較できません。そこでケースやカタログに表記してある適合水中イトを見ます。表記範囲にナイロン0・2号という太さが含まれていれば、概ね使いやすい硬さと判断できます。

硬さの次は調子（曲がり方）です。全体にしなやかに曲がり、振って止めた時にスッと穂先が収まる（止まる）かどうかを見ます。継ぎ目でガクガクする、振って暴れる感触がある、穂先がブレて収まらないサオは避けます。

そして今度は曲がりの中心がどこにくるかを見ます。一般に先調子とか胴調子、あるいは8：2調子とか6：4調子というものですが、仕掛けを振り込みやすいのは胴調子、操作がしやすいのは先調子です。この曲がりの中心と硬さのバランスでサオの性格が決まります。

ズバリ、軽く振った時の感じが7：3くらいの調子で、誰かに穂先を持ってもらいグッと曲げた時に胴まで曲がるサオがベストだと思います。

高価なサオも使いこなしてこそ

最後に価格です。現代のサオはカーボン製で、似たような調子や長さでも価格は数千円から数万円までと幅があります。価格にはフィールドテストや素材・新技術の投入なども反映され、高いものほど高性能ともいえますが、使いこなすだけの技術がなければ、価値が見出せません。釣具店で手に取り、スタッフの意見も参考にしましょう。

経験を積み、本流もフィールドの視

界に入ってきた時には7m以上の長継本流ザオも必要ですが、まずは小継の渓流ザオと、万が一の予備を長さを変えてもう1本準備しておきましょう。

私が現在渓流釣りで最も使用するのは「抜き調子」のサオでDAIWAの流覇硬調60M、スレた渓魚ねらいではさらに細イトが使えるEPテクニカルチューン60M・Fと70M・Fです。

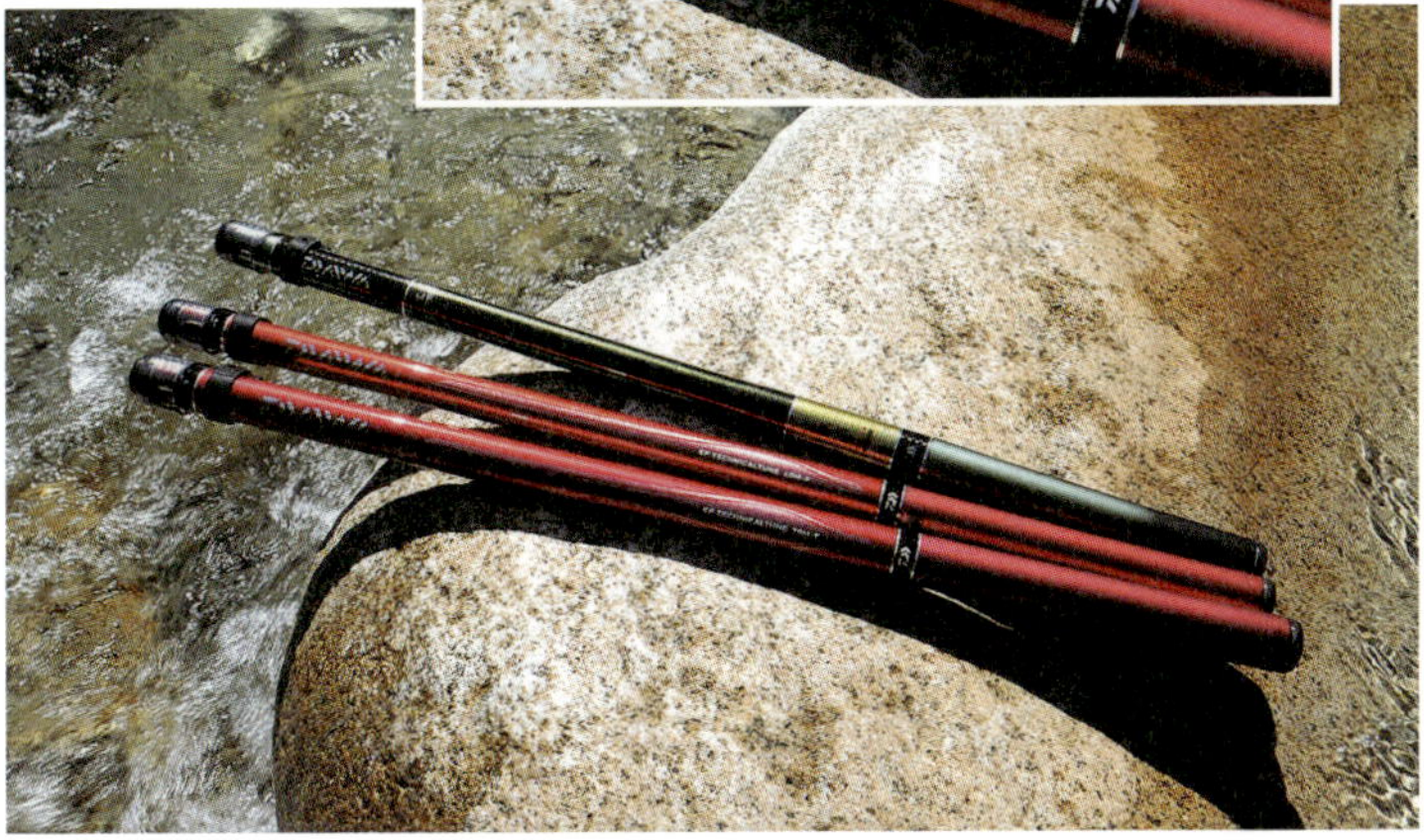

渓流ザオは仕舞寸法の短い小継タイプが基本。上から、DAIWA 流覇硬調60M、EPテクニカルチューン60M・F、同70M・F

こちらは本流用のサオ。仕舞寸法は長めになり、全長や調子もフィールド・対象魚に応じた設計がなされている。上＝DAIWA 琥珀本流ハイパードリフト サツキ80SR、下＝同アマゴ抜70SR

仕掛け

天井イト・水中イトの2部構成からなる「水中イト仕掛け」が主流

シンプル・イズ・ベストの仕掛け作り

渓流釣りでは単純かつ機能的な仕掛け作りを心がけます。以前はミチイトとハリス仕掛けが主流でしたが、最近は水中イト仕掛けが増えました。比較的細いイトを使うため、結び目を少なくして各パーツを長くするほうが丈夫であるという理由からです。仕掛けの主なパーツは、天井イトと水中イト（十目印、オモリ、ハリ）です。

仕掛け全長は、サオの調子にもよりますがサオとほぼ同じ。硬めのサオはやや長く、柔らかめの場合はやや短くしたほうが、仕掛けの扱いと魚が掛かってからの取り込みが容易です。

ブッシュの多い川や源流部では振り込みが難しいこともあります。こんな時は全体を極端に詰めた「チョウチン仕掛け」を用いることもあります。

水中イト仕掛けは、最初は水中イトの長さを一定にしておくと便利です。川の水深にもよりますが、一般に4・5〜6mザオの場合、天井イトは3m前後が適当でしょう。残りの部分が水中イトの長さとなります。

天井イトは長さ調節可能な移動式

天井イトには2つの意味があります。1つは、やや太めのイトを使用することで仕掛けが穂先に絡むのを防ぐ目的。もう1つは、仕掛けの全長を調節するという役目です。

水中イトで最も傷つきやすいのはハリの結び目付近。イトの表面が白くザラついたり、ハリ先が悪くなったらハリを結び直します。この時、切り捨てたイトと結び代で10〜20㎝は短くなります。そこで天井イトを伸ばして長さを調整してやるわけです。

6mザオの場合、サオ（6m）—水中イト（3m）＝3mで折り返しの移動部分を50㎝程度とします。この部分の編み込みや、水中イトとの接続部分には、ポリエステルのミシン糸50番を使用します。天井イトは、木の枝に引っ掛けるなどのトラブルがない限りまず切れないので、2〜3セット予備を携帯しておけば安心です。

天井イトは、水中イトより太くすることは大切ですが、太すぎると風の影響を受けます。水中イトより1ランク程度太めで、伸びがあるナイロンイトならクッションの役目も果たします。

さらにもう一工夫するなら、穂先へ

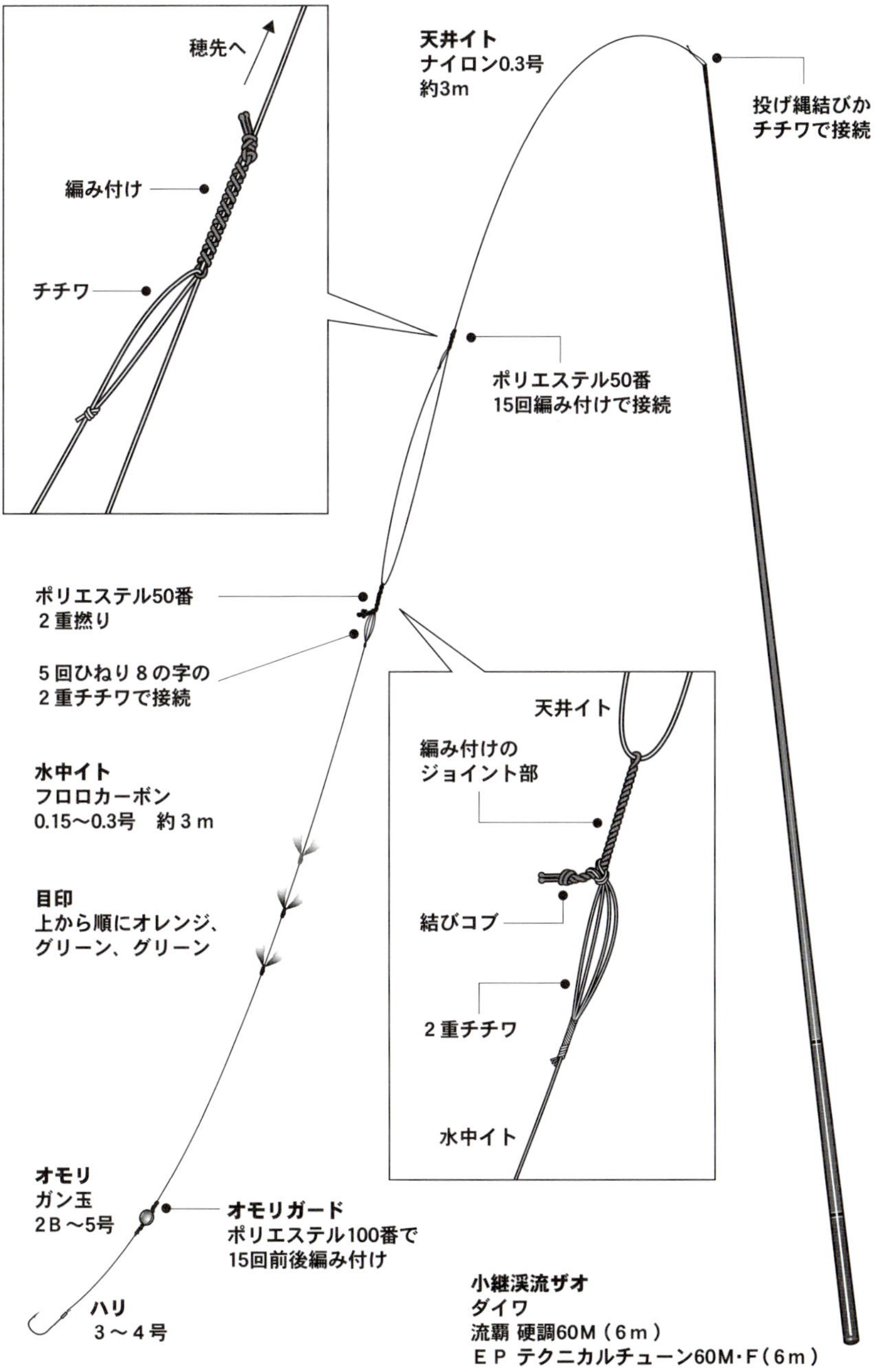

天井イト
ナイロン0.3号
約3m
投げ縄結びか
チチワで接続
穂先へ
編み付け
チチワ
ポリエステル50番
15回編み付けで接続
ポリエステル50番
2重撚り
5回ひねり8の字の
2重チチワで接続
天井イト
編み付けの
ジョイント部
結びコブ
2重チチワ
水中イト
水中イト
フロロカーボン
0.15～0.3号　約3m
目印
上から順にオレンジ、
グリーン、グリーン
オモリ
ガン玉
2B～5号
オモリガード
ポリエステル100番で
15回前後編み付け
ハリ
3～4号
小継渓流ザオ
ダイワ
流覇 硬調60M（6m）
EP テクニカルチューン60M・F（6m）

接続する部分から50～60㎝をグッと太めの0・6号くらいにすると穂先へのイト絡みが解消されます。

天井イトを作る際の結びは、穂先に接続する部分は穂先の構造によって「投げ縄結び」か「チチワ結び」。移動部分を作る際には「チチワ結び」と「編み込み」、「撚り」となります。

水中イトには、目印、オモリ、ハリが付く

水中イト仕掛けが普及した背景には、釣りイトの性能が近年飛躍的に向上したこともあります。細イトの性能を存分に引き出すには、ハリスとミチイトが一体化した水中イト仕掛けのほうが適しているからです。

水中イトは長いほど強度は出ますが、実際にはサオの長さと釣るポイントの最大水深を考慮して決めます。通常は3mもあれば充分だと思います。

素材はナイロン、フロロカーボンが主に使われます。前者は伸びやすくてショックに強く、後者はナイロンより比重があるため沈みがよく、硬くてさばきがよい特性があります。

イトの太さは釣れる魚のアベレージを基本に考えます。18～23㎝の平均的なサイズなら、0・2号中心。サオとのバランスもありますが、ハイパワーな大もの用ザオでもなければ、これくらいが適当です。渓魚の食いが渋った時は0・15、0・125号に下げます。逆に大ものが食ってくる時は0・25～0・3号と太くします。天井イトへの接続部分は2重チチワにします。

目印は風の抵抗を減らすため水中イトに編み込みで付け、同様の理由から小さくカットします。数も少なくしますが、私の場合は、水中イトの傾きを見たいので3つ付けます。色は好みですが、流れにまぎれにくい見やすい色にします。私は上から順にオレンジ、緑、緑の順に付けます。太めの水中イトの場合は、直接片結びでもOKです。

オモリは、カミツブシ（ガン玉）を水深、水流の強さを見極めてマメに付け替えます。大きさは5号～Bを使い分けます。水中イトが0・15号以下など極細の場合、オモリを付ける場所には、水中イトの保護にポリエステルのミシン糸100番を編み込みで付けます。面倒な時は市販のオモリガードか、ゴム張りガン玉を使用します。0・2号以上の太イトでも、オモリガードがあったほうが水中イトへのダメージが少ないので必ず付けましょう。

ハリはいろいろな形や号数があって選択に迷いますが、基本はハリの大きさをエサに合わせることです。ヒラタやピンチョロなどの小さなエサには小バリを、クロカワムシやキヂ（ミミズ）などの大きなエサを使う時には、大きめのハリを使用します。

ハリの結び方も多数あります。釣り場で簡単にできるものとしては、呼び名のとおり「簡単結び」があります。小さなハリでも手間取らず、簡単に結ぶことができます。

上段＝天井イト各種（ナイロン製0.25～0.4号）、下段＝水中イト（フロロカーボン製0.15～0.4号）。渓流釣りでは天井イト、水中イトともにアユ用の製品もよく使われる

オモリのガン玉各サイズ。真ん中に割れ目が切ってあり、オモリガードを編み付けたイトをそこにセットして使用する

目印は視認性がよく軽量・水切れのよい専用品が市販されている。風抵抗が少ない（＝細い）ことも大切な要素だ

ハリ各種。選択に迷った時は、「ハリの大きさをエサに合わせる」基本を思い出そう

エサ入れ、タモ、ビク

サオと仕掛けに次ぐ必須の道具類

専用設計がなされた高機能な市販のエサ入れ。軽量コンパクトで壊れにくく、エサの鮮度を保ってくれる

伝統的な竹製エサ入れ。天然素材を生かした作り

魚を生かしたまま持ち歩くにはアユ友釣り用の友舟が便利。右は本体の約半分が折りたためるようになっている友バッグ

渓流釣りは、足で稼ぐ釣りだといわれます。足場の悪い渓流で移動を繰り返すため、携行する小物類は機能的でコンパクトなものが求められます。

●エサ入れ　かつては竹や木製の天然素材品でしたが、最近はプラスチック製品が主流です。使いやすいのは首掛け式で、特に保冷機能が付いているものがよいと思います。気温が高い時でも、保冷剤を入れておくことでエサを長持ちさせられます。

●タモ　立ち込むことが多い渓流釣りでは必需品です。せっかく釣りあげた魚を取り込む瞬間、暴れてポチャッと落としてはたまりません。タモで受けて中で作業をすれば、バラシの心配もなく安心です。また、大もので抜けない時はタモですくうので必ず携行します。渓流釣り用のタモは、枠径が24～30㎝の中から選びましょう。

●ビク　竹で編んだものから保冷力の高い化学製品まで、数多くのタイプがあります。渓魚の鮮度を保つには後者

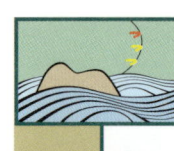

天然木を使った伝統的な郡上タモも愛用者は多い

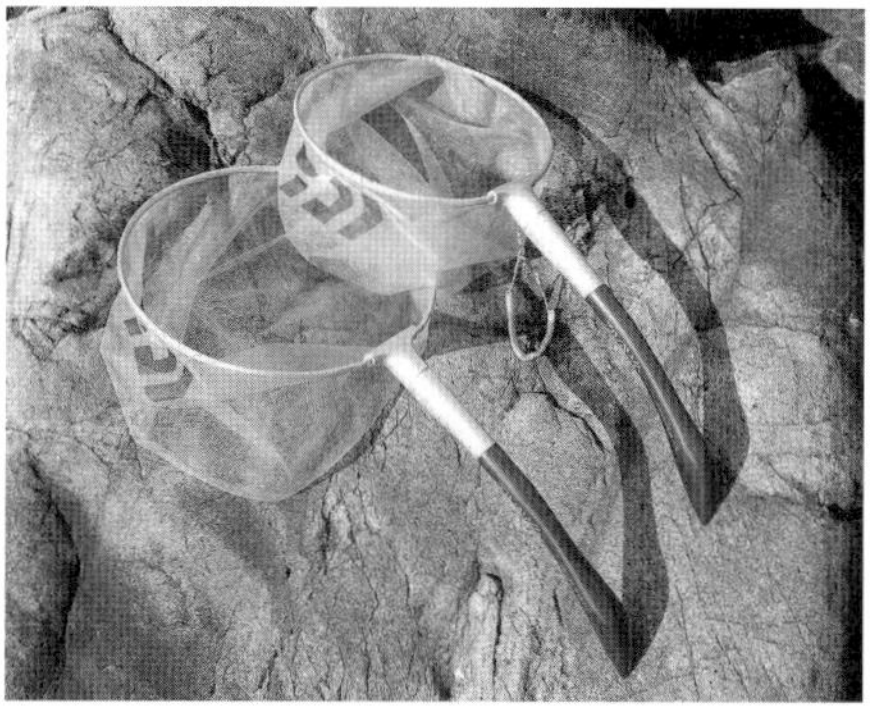

釣り具メーカーから市販されているタモ。軽量・堅牢・高機能で初心者からベテランまで安心して使える

竹で編まれた昔ながらの郡上ビク

優れた保冷力を発揮する現代のビク「ウエストクリール」

がよいと思いますが、さらに鮮度を高めるには活かしておくに限ります。それにはアユ釣りの友舟を持ち歩くのがよいでしょう。折りたたんで携行できる友バッグも便利です。

釣ることだけを楽しみ、即リリースすればビクや友舟は必要ありません。けれども、釣り終えた時にその日の釣果を確認するのも楽しみなものです。その際手頃な魚だけを持ち帰り、あとはリリースするのもよいと思います。

一度ハリをくわえた魚を友舟などに入れて持ち歩き、あとでリリースした場合、魚は生き残れるのか？　これはよく聞く質問です。私は以前、釣った魚を友舟に入れて持ち歩いた後、自宅の池に放して川虫をエサに飼ったことがあります。結果は、狭い池に結構な密度で魚を入れたにもかかわらず、20日以上飼って95％が生き残りました。川へ放流した魚も、特別大きなダメージを与えていなければ充分生き長らえると考えられます。

衣類、ウエーダー、必須小物

一日中移動する渓流釣りでは機能最優先

渓流釣りの標準的なスタイル例。友舟は、大きく移動する時は写真のように手で持ち、釣りの最中は流れに浸しておく

小物類と同様、衣類なども機能性第一で選びたいものです。

●ベスト　仕掛け類一式を入れることを考え、ある程度ポケットの多い収納力のあるものを選ぶと便利です。そして、天井イトから水中イトまで巻き取れる仕掛け巻きをはじめ、オモリケース、水中イト用予備仕掛けケース（号数別に）、天井イト用予備仕掛けケース、ハリケースなどを収納します。

ベストに取り付ける小物類はハサミ、ハリ外し、ガン玉外し、ミミズ通し、8の字結び器、オマツリほどき、など。ピンオンリールと組み合わせて取り付ければ、より機能的になります。

●ウエア&履物類　ベストの下は、夏は速乾性の長袖シャツを着ます。半袖は禁物。ヤブこぎで腕を傷つけないように、虫刺され対策にも長袖は必須です。寒い時は防寒着を、雨天や風の強い日はレインウエアを準備します。

履き物は、スリーシーズン用のウエーダーを用意します。ヤブこぎを考慮し

私のベストの中身

（各製品については次ページで）

釣りに必要な小物類一式を収納するため、釣り人はそれぞれ工夫をこらす。外に取り付けるものと内部に収納するもの。濡らしてはいけないものは防水ケースや上部の胸ポケットなどに。また、出し入れの多いものとそうでないもので仕舞う場所を変えたり、左右の重量バランスをとるなど、小物類とともに、ベストにはあらゆる知恵が詰まっているのだ

ガン玉外し
ハリケース
仕掛け巻き
おまつりほどき
ハリ外し
ハサミ
8の字結び器
ミミズ通し
予備仕掛けケース
予備仕掛けケース
オモリケース

て生地は丈夫なものを選びます。また、最近はアユ釣り用に開発された水抵抗が少ないスリムウエーダーを履く釣り人も増えています。夏場の暑い時期は、アユ用のタイツにタビまたはフォールディング・シューズ（沢登りシューズ）がよいでしょう。

ベルトはタモを差したり、友舟やビクを付けたりするために必要です。

手袋は指先が出せるタイプが市販されています。特に寒い時は、手袋なしでは手がかじかんで釣りになりません。解禁当初などには重宝します。

●偏光グラス　波立ちや光の加減で見えにくい川底の状態を確認したい時には、偏光グラスが必需品となります。私の経験ではブラウン系のレンズが見えやすくお勧めです。朝・夕マヅメ用に薄い色調のものと、日中用に濃い色調の両方があれば理想的です。周囲の明るさに応じて濃度が変わる調光機能付きなら1つですみ、掛け替えのわずらわしさからも解放されます。

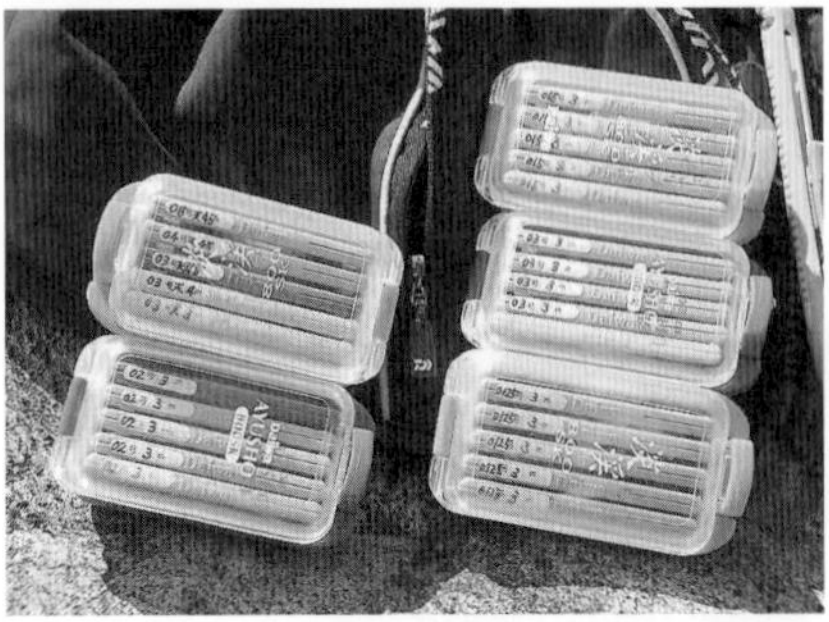

予備仕掛けケース。仕掛け巻き側面に号数と長さを記しておけば開いた時に一目瞭然。天井イトはさらに「天」などと明記しておくと混同しない

仕掛け巻き。長さが一目で分かるようにマジックなどで書き込みをしたり、色別にしておくとよい

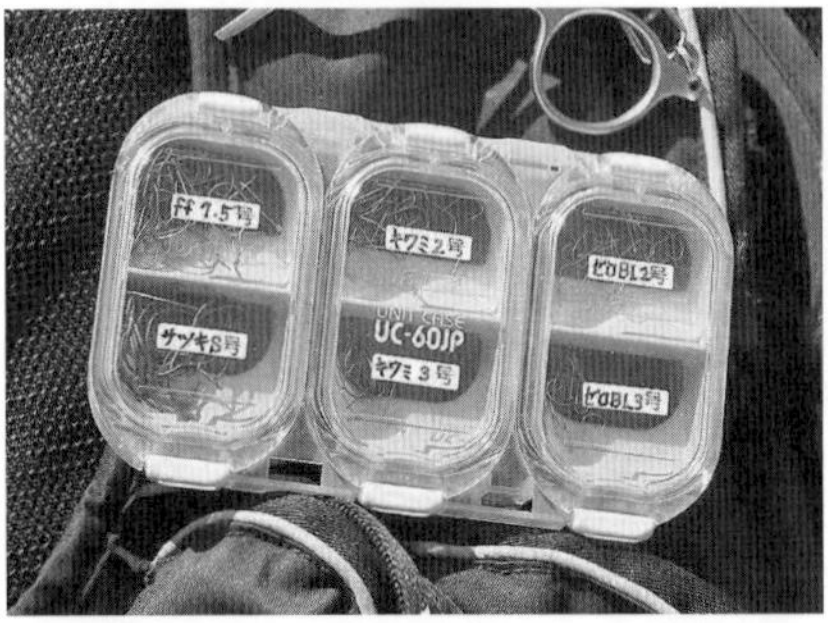

ハリケース。オモリケースと同じタイプのものに、ハリの型と号数が分かるようにして収納

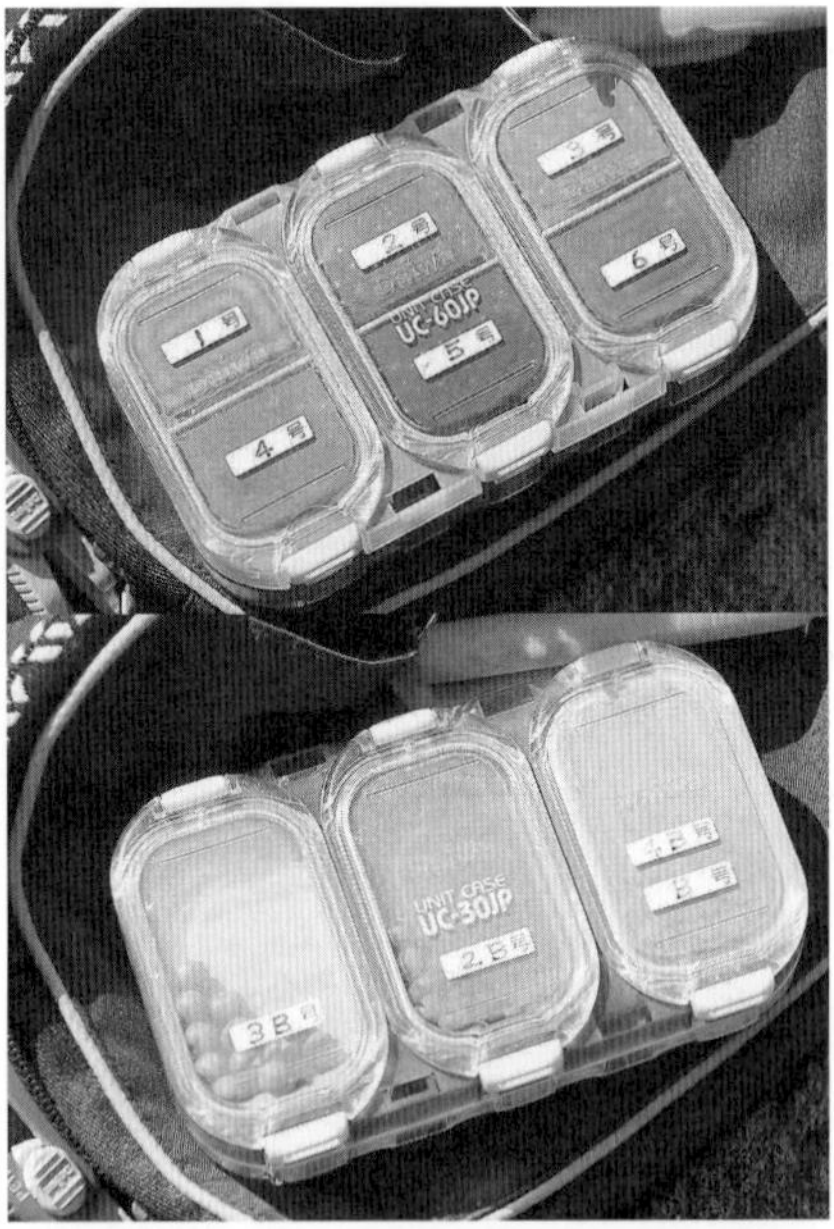

オモリケース。オモリのサイズに応じて収納・取り出しの楽な仕切りのものを選ぶとよい。上は6つに仕切られたタイプに1～6号のガン玉を収納。下は3つに仕切られたタイプに大きめのB～4B サイズを収納（Bと4Bは1つの仕切りで兼用。サイズが大きく違うので間違えない）

使用頻度の高いハサミと、ミミズ通しはベストの真ん中付近にそれぞれピンオンリールで外部に取り付けてある

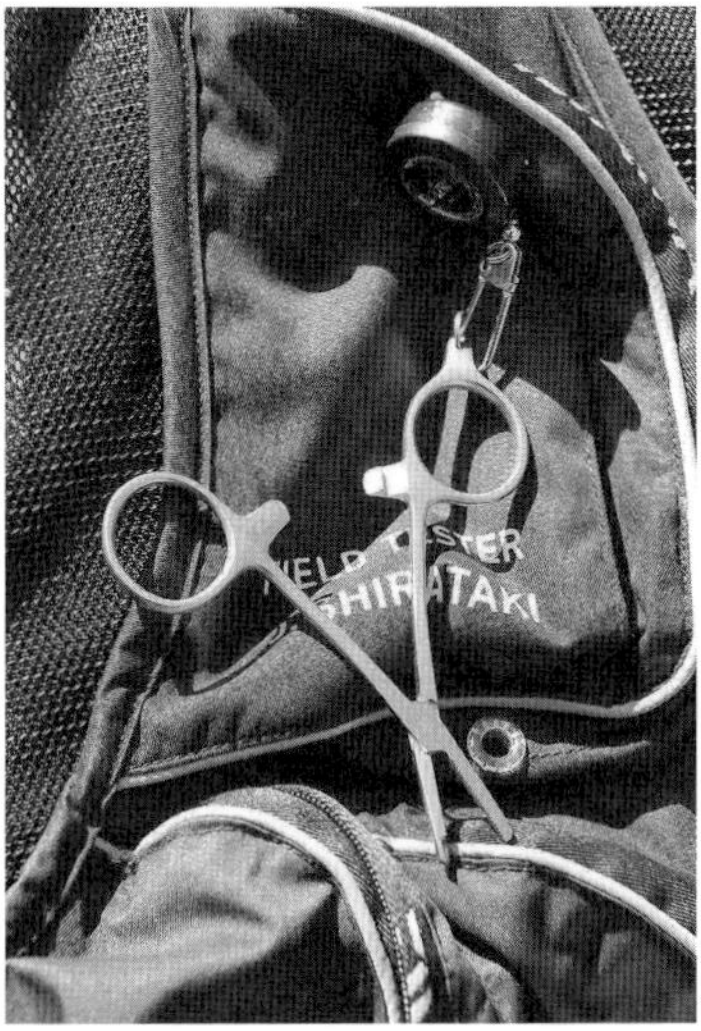

ガン玉外しは、ベストの外側右上部にピンオンリールでセット

出番があまり多くないハリ外しは、邪魔にならない位置に。ただし使う際には素早く作業したいのでベストの外側に

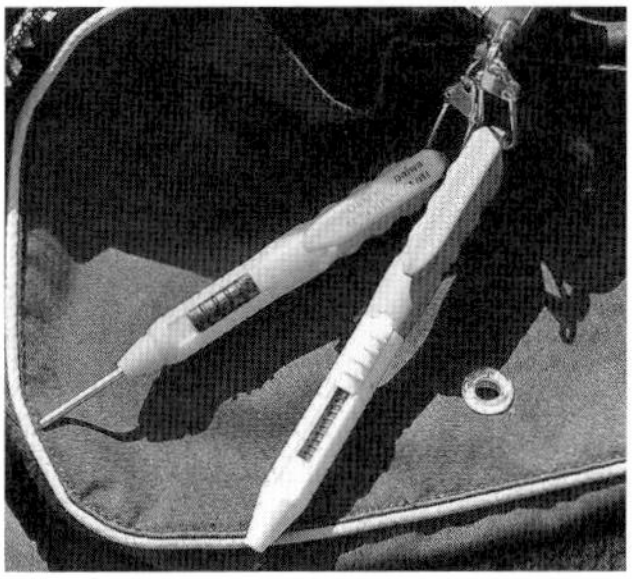

8の字結び器と、おまつりほどきは、まとめてベスト外側左下部にピンオンリールで取り付ける。セットする位置の左右は利き手を考慮すると現場での作業が楽

履き物&アイウエア類

現代の渓流釣りでは偏光グラスもほぼ必需品になりつつある。購入の際は、間違えてただの「サングラス」を選ばないように。また、偏光グラスは帽子と併用することでより機能を実感できるだろう

ベルト。これがないとタモを差したり友舟を引くのに支障が出る

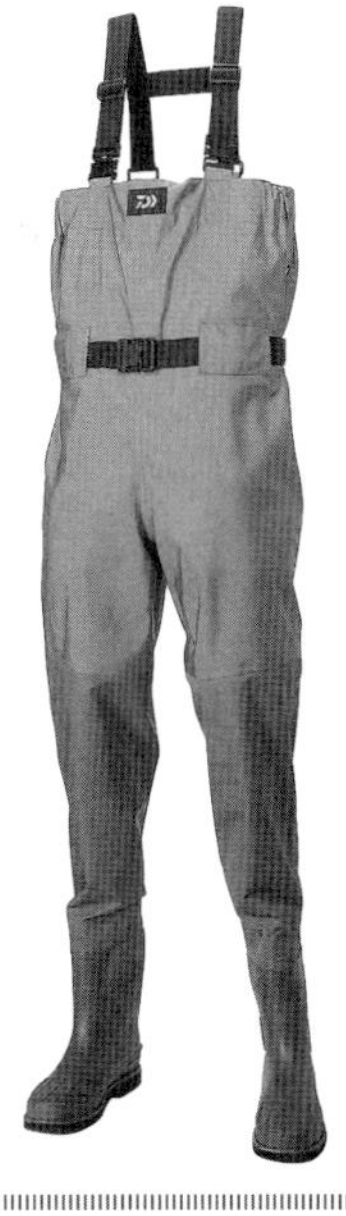

3シーズン用のウエーダー（右）と、水抵抗の少ないスリムウエーダー（左）。最近では後者を利用する人が多い

結びとチェックポイント

仕掛け作りにマスト！ 5つの結びをマスターしよう

仕掛け作りの要点は、釣りイトの強度をなるべく低下させないことです。また釣り場では手早くできて、安心して使えることも大切です。パーツごとに見ていきましょう。

天井イト作りには以下の4つの結びを用います。ナイロンイトにチチワを作る「8の字結び」、チチワのある側を折り返して天井イトに接続する「編み込み」、天井イトに水中イトを接続する際に必要なジョイント部の「撚り」、天井イトをサオの穂先のリリアンへ接続する「投げ縄結び」（メタルジョインター付き穂先の場合はチチワ）。

水中イト側は、天井イトへの接続部分となる2重チチワを作る8の字結びと、目印やオモリガードを付ける編み込みがあります。そして水中イトにハリを結んで仕掛けが完成します。

以上、仕掛け作りに必要な結びは、8の字結び、編み込み、撚り、投げ縄結び、そしてハリの結びです。

8の字結び

ナイロンやフロロカーボンなどのイトは、極端な折れやこすれが強度を低下させます。そのためできるだけ折れる部分が少ない結びを用います。

8の字結びは、イトの端を2つに折って輪を作り、輪の部分をひねってから先を通して締めると結びコブから出る両方のイトが直線状になり、折れがなくなります。締める時はツバなどでイトを濡らしてから行なうとスムーズにできます。イトの摩擦を抑えて強度低下も防げるので、一石二鳥です。

また、イトをひねる回数をある程度増やすと強度がアップします。ひねる回数で3回ひねり、5回ひねりの8の字などといいます。「8の字結び器」を使用すると簡単にできます。

2重チチワの8の字結びを作る場合は、最初の輪を作る前にイトを2重にしたうえで同じようにひねります。

編み込み

編み込みにはポリエステル製のミシン糸を使います。編み込みの利点は、イトに結び目を作らないので強度を損なわないことと、編み込み糸を上下させて移動が可能なことです。天井イトの折り返し部分の接続には太めの50番のミシン糸を、オモリガードには細めの100番のミシン糸を使用して編み込みます。

8の字結び（5回ひねり）

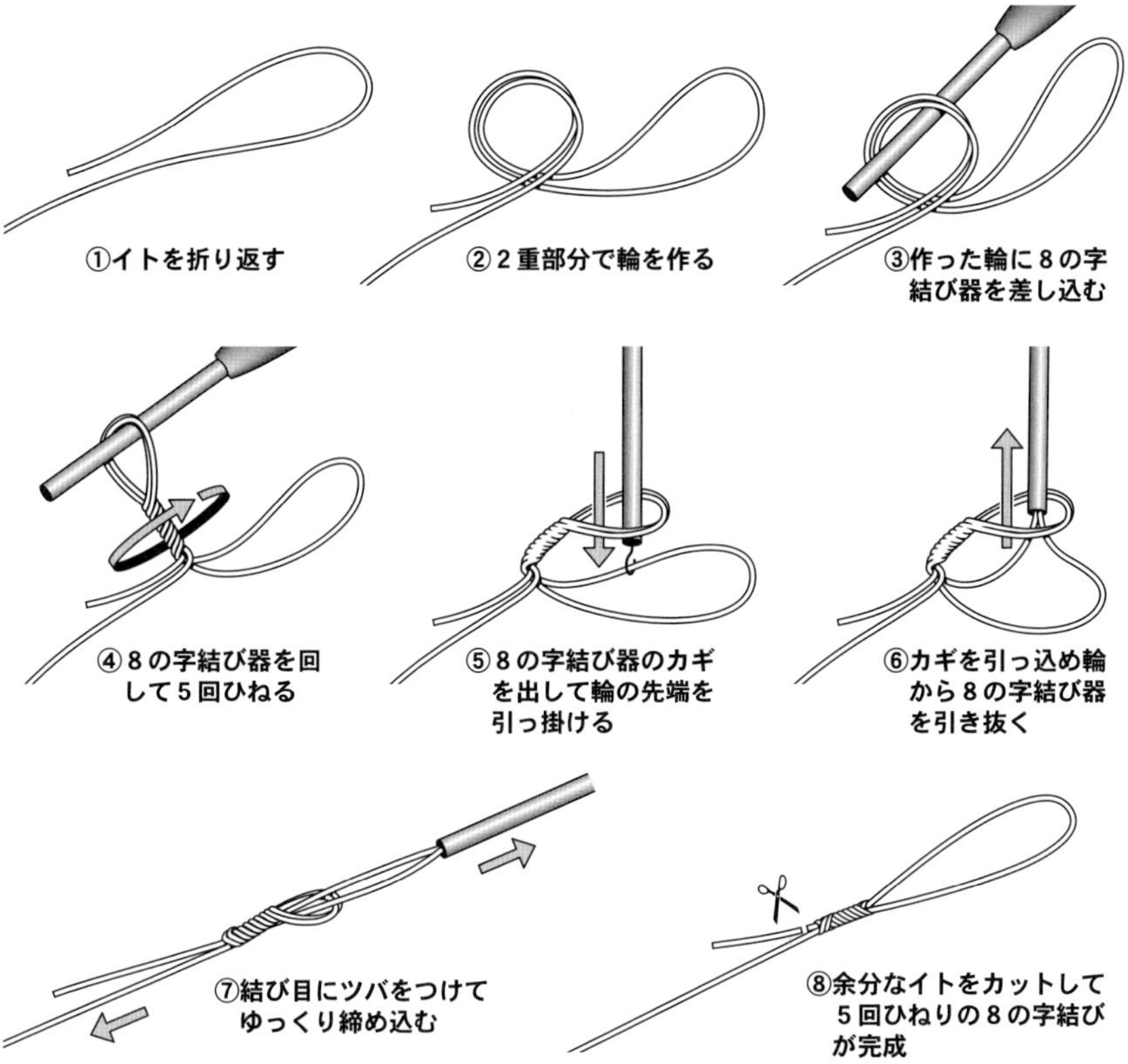
①イトを折り返す
②2重部分で輪を作る
③作った輪に8の字結び器を差し込む
④8の字結び器を回して5回ひねる
⑤8の字結び器のカギを出して輪の先端を引っ掛ける
⑥カギを引っ込め輪から8の字結び器を引き抜く
⑦結び目にツバをつけてゆっくり締め込む
⑧余分なイトをカットして5回ひねりの8の字結びが完成

ナイロンまたはフロロカーボンのイトを編み付け器にピンと張ってセットし、このイトに30㎝ほどの長さにカットしたポリエステル糸で上下に編み込んでいきます。止めはポリエステル糸を1回結んでから両端を揃えて輪を作り、2本一緒に結びます。さらにポリエステル糸の両端を開いてしぼりながら、結びコブを編み込みの端まで送って締め込みます。余分な部分を切り取り、ライターや線香の火で焼くか、微量の瞬間接着剤で止めて完成です。

注意点は、天井イトの移動部分はズレない程度に固めに編み込むこと。編み込み糸を交差する時、ナイロンと直角に近い角度で編み込むと固く締まります。逆にナイロンイトとの角度を狭くすると緩くなります。

オモリガードの編み込みは、釣り場ではオモリのサイズを変えるたびに位置も動かすので、ここは緩く編み付けたほうがよいでしょう。編み込む回数はオモリの大きさにもよりますが、15

編み込み（天井イトの折り返し部分を作る場合）

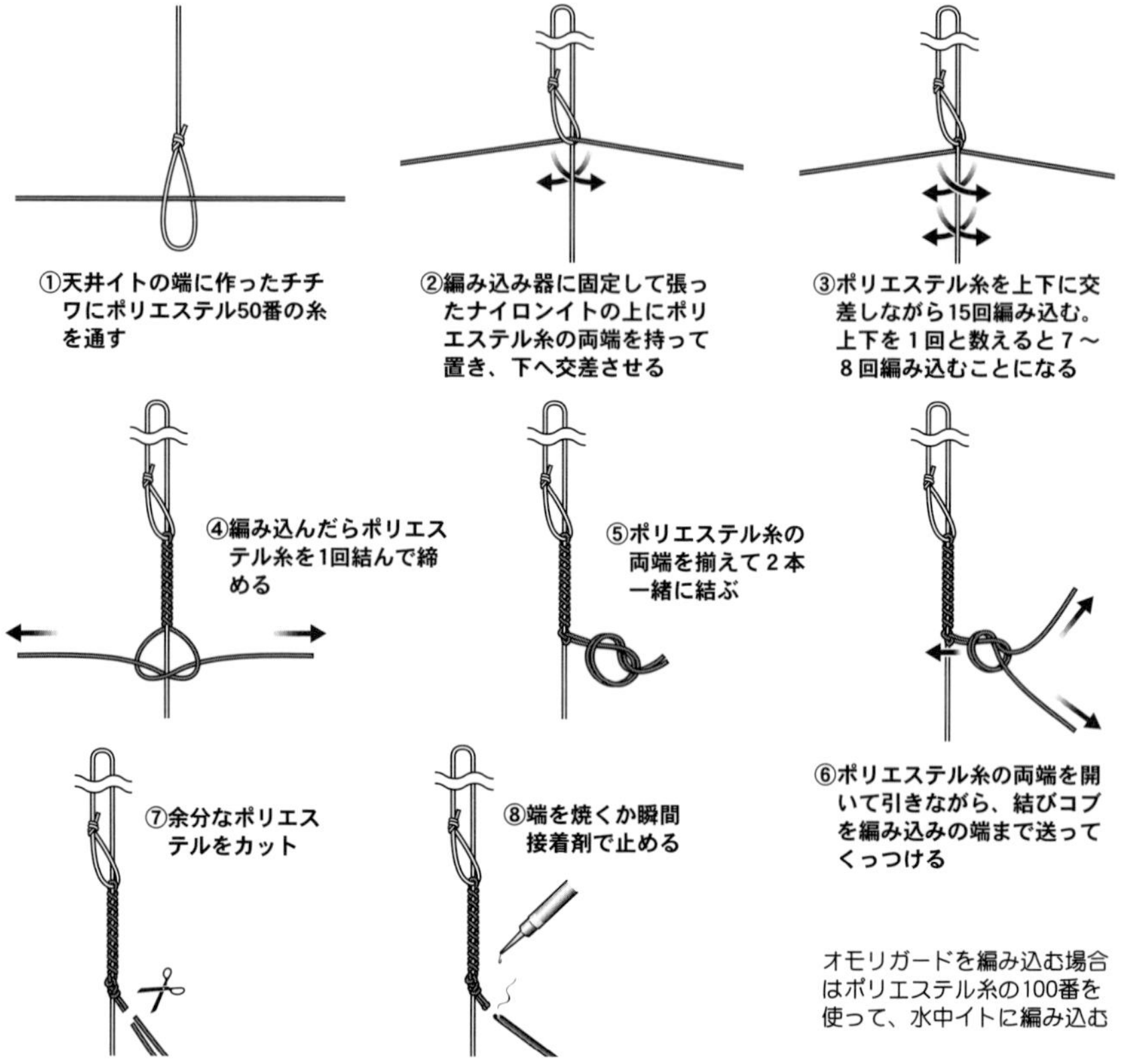
①天井イトの端に作ったチチワにポリエステル50番の糸を通す
②編み込み器に固定して張ったナイロンイトの上にポリエステル糸の両端を持って置き、下へ交差させる
③ポリエステル糸を上下に交差しながら15回編み込む。上下を１回と数えると７～８回編み込むことになる
④編み込んだらポリエステル糸を1回結んで締める
⑤ポリエステル糸の両端を揃えて２本一緒に結ぶ
⑥ポリエステル糸の両端を開いて引きながら、結びコブを編み込みの端まで送ってくっつける
⑦余分なポリエステルをカット
⑧端を焼くか瞬間接着剤で止める
オモリガードを編み込む場合はポリエステル糸の100番を使って、水中イトに編み込む

回前後で5㎜程度の長さにします。

　目印を結ぶ際にも、水中イトを傷めないために編み込みが有利です。3回程度編み込めば充分です。水中イトに片結びで普通に結びつけてもよいですが、この場合は軽く結んで移動しやすくしておくことが大切です。強く結ぶと移動時に水中イトがパーマしたり、傷ついてトラブルのもとになります。

撚り

　天井イトには、水中イトを接続するポリエステル糸を撚り付けます。まず天井イトを、折り返し部分の先が輪になったままの状態で編み付け器に固定します。この輪に30㎝ほどにカットしたポリエステル糸50番を通し、両端を引っ張りながら同じ方向へひねります。次にそのまま緩めると撚りが掛かります。

　撚りが掛かった部分の1～1.5㎝のところに8の字結びでコブを作り、余

ヨリ（天井イトの水中イトジョイント部分）

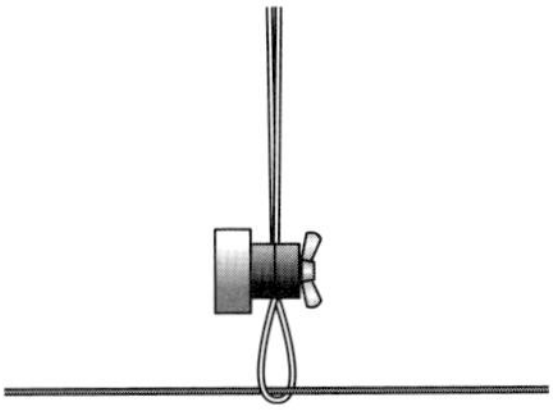

①天井イトの折り返し部分を編み込み器に固定し、ポリエステル糸50番を通す

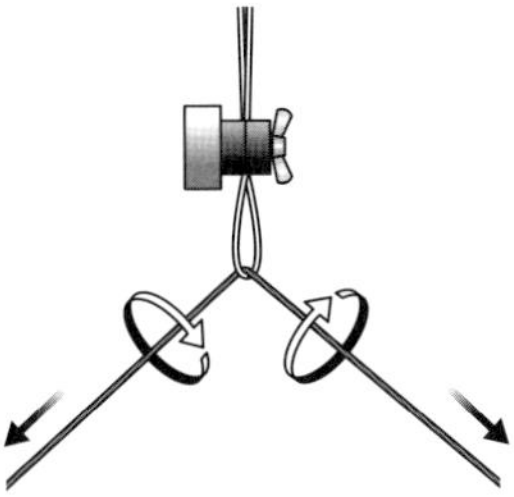

②ポリエステル糸の両端を引っ張りながら同じ方向へヨリをかける

③ポリエステル糸の両端を持ったまま、ゆっくり緩めると糸がヨレる。１回でヨレない場合は数回繰り返すと長いヨリができる

④ポリエステル糸を揃えて２本一緒に結ぶ

⑤ポリエステル糸の端を２～３mm残してカット

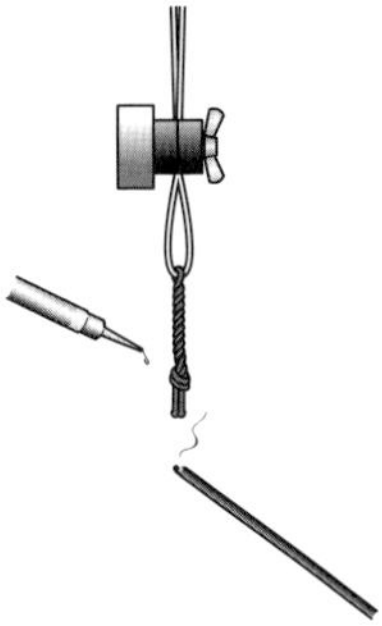

⑥端を焼くか瞬間接着剤で止めて完成

投げ縄結び（天井イトの穂先リリアンへの接続部分）

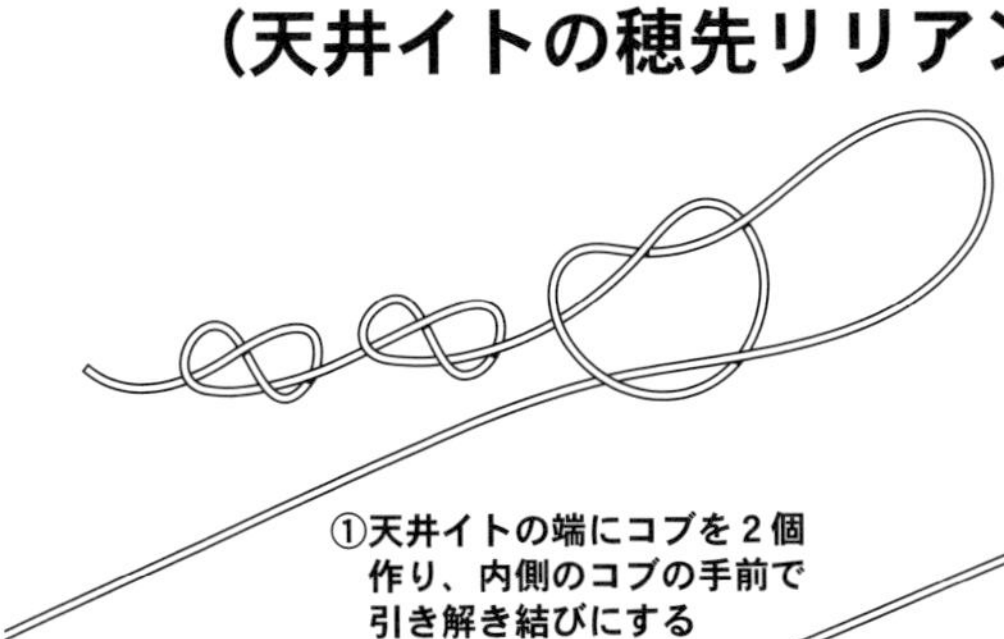

①天井イトの端にコブを２個作り、内側のコブの手前で引き解き結びにする

②締めて完成。コブを引くと輪が大きくなり、天井イトを引くと輪が締まる

ハリとイトを結ぶ簡単結び

簡単結びは折り返して作った輪をハリのチモトにくぐらせるだけ。軸に巻き付ける動作もなく、細かい作業が少ない

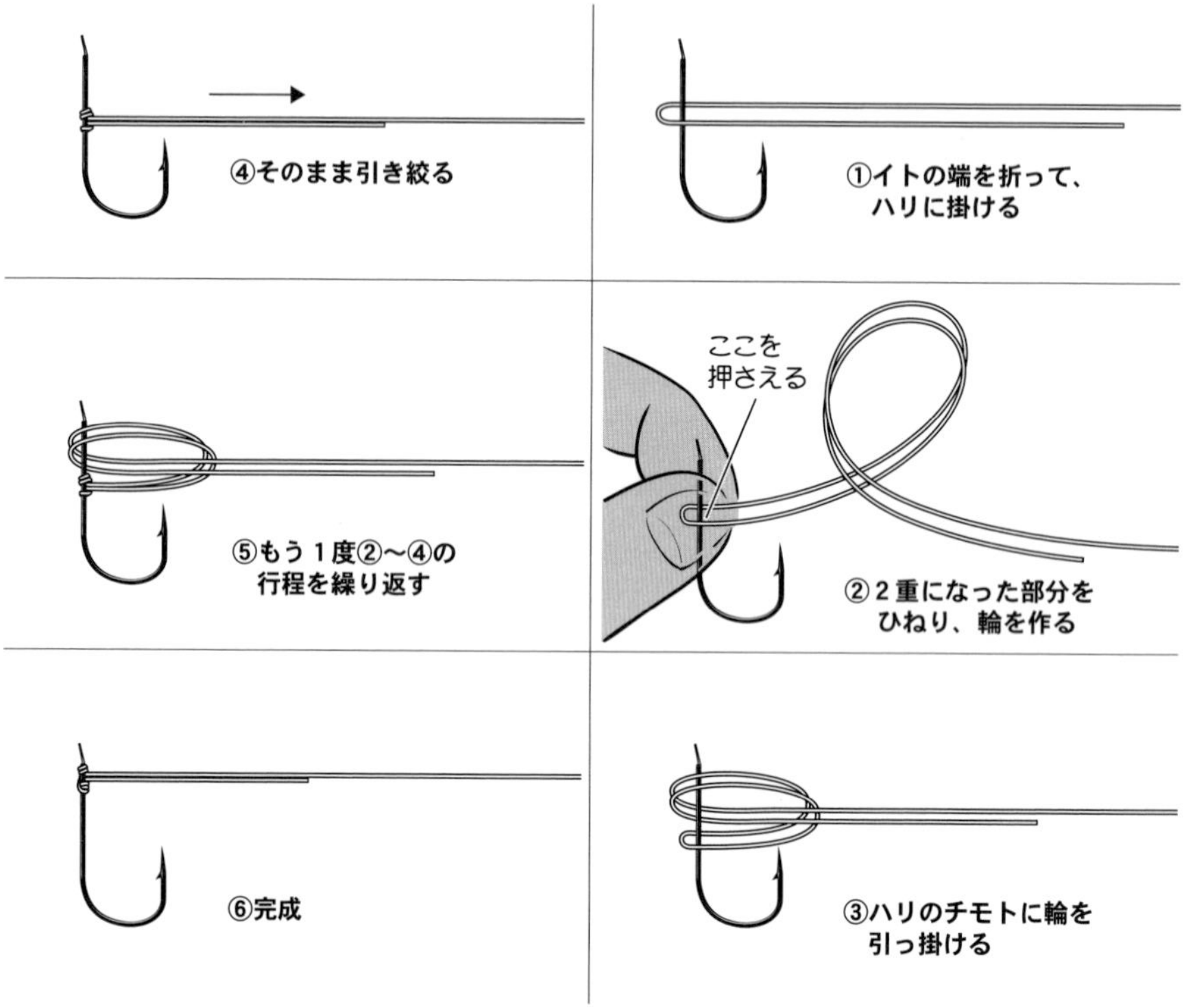

①イトの端を折って、ハリに掛ける
ここを押さえる
②2重になった部分をひねり、輪を作る
③ハリのチモトに輪を引っ掛ける
④そのまま引き絞る
⑤もう1度②～④の行程を繰り返す
⑥完成

分を2～3㎜残してカットします。先端は接着剤を垂らすか火で焼いて固めて完成です。このコブを利用して水中イトのチチワを接続します。

投げ縄結び

穂先の接続に使う結び方です。穂先がメタルトップ（金属製のフック構造）の場合は、チチワで引っ掛けてガードを閉じるだけで充分です。しかしリリアンが付いている構造のものは、投げ縄結びでの接続が確実です。

投げ縄結びの作り方は、まず天井イトの穂先に接続する側の端に8の字結びで1㎝間隔にコブを2つ作ります。その内側を引き解き結びにして、コブの際まで輪を移動すると、コブがズレ止めになります。輪をリリアンに通し、仕掛け側のイトを引くと締まって止まります。仕掛けを外す際には外側のコブをつまんで引きます。

何度か使っていると穂先への接続部分

は傷んで弱くなるので、弱った部分は切り捨てて新しくします。

ハリの結び（簡単結び）

ハリ先は常にチェックして、少しでも甘くなったら交換です。ハリの結び目付近も、エサを刺したり魚を外したりする際に傷みがちです。傷んだ部分は切り捨てて結び直します。釣りの最中に結び替えることもしばしばですから、素早く結べる方法がベターです。

小バリも簡単に結べるのが、読んで字のごとく「簡単結び」です。これは慣れれば数十秒でできます。

「渓魚の歯は鋭いからハリのチモト付近を2重にするとよい」という話も聞きますが、必要ありません。余分な結び目が増えて強度が落ちる可能性が高くなります。渓魚の歯はギザギザしていますが、その谷の部分にイトが入っていれば、こすれて切れることはありません。適度なテンションでやり取りすればまず大丈夫。自信をもって簡単結びを行ないましょう。

それ以上にハリ結びで心がけたいのは、ツバをつけるなどしてから、ゆっくりジワッと締めることです。急に引っ張ってイト同士がこすれると強度が落ちます。結び目近くがパーマになったりしたら要注意です。

仕掛けのチェックポイント

失敗は結び目から起きる

イト

エサに食ってきた魚を取り逃がした時、原因はいくつかありますが、中でも一番悔しい思いをするのがイト切れです。

ハリの結びのところでも書きましたが、多くの場合、イトが切れる場所はハリの結び目かオモリの近くです。この付近は常にチェックするように。イトがこすれて白くなったり、カールしている、いつの間にか仕掛けが絡んでコブができた、などの異変を見つけたら、必ずその部分から先を切り捨てて結び直します。

イトのザラツキは、イトを舌にあてて軽く引いてみると分かります。また、ときどきハリを持って仕掛けを引っ張ってみることも効果的なチェック方法です。簡単に切れるようなら、その部分が弱っている証拠です。

ハリ

渓魚のアタリが出て上手く合わせたはずなのに、水中でゴトッとしてバレることがあります。こんな時はたいていハリ先が鈍くなっています。

ハリは渓魚と釣り人をつなぐ接点であり、大切なパーツです。少しでもハリ先が鈍っていると魚の口にうまく刺さらず、バラシのもと。ハリ先を爪に当てたり、指先に軽く刺して常にチェックを怠らないようにします。あらかじめ新しいハリ先の状態を把握しておくと、鈍った時にすぐ分かります。また、エサを刺す時に刺しにくいなと思ったら要注意です。

ハリの形状やタイプにはいろいろな種類があります。中でも細軸でハリ先が伸びた形状のものは、刺さりがよい一方でハリ先も傷みやすく、より注意します。

何度かハリを結び替えていると仕掛けの全長が短くなります。この時は天井イトを伸ばしてベストな長さに調整します。もちろんオモリの位置も移動します。

魚と川を知る

道具を揃えるだけでは釣果は得られない
―次章に進む前の心得として

渓魚には「居場所」がある

　渓流釣りのターゲットである渓魚は、どんな性格を持つ魚なのでしょうか？　渓魚が棲む渓流の流れは、清冽であくまで透き通っています。時に、そっと川をのぞくと、流れのある部分に定位している渓魚の姿を見ることができます。活性の高い渓魚は、ときどきその場所を離れて流れてくるエサを追い、また元の場所に戻るといった行動を繰り返します。この時、もしも人が川面に影を見せたり、石でも落とそうものなら、サッと姿を消してしまい二度と姿を見せることはありません。

　このようすから見て取れるのは、まず渓魚には何かの理由で定位する場所があるということです。そして流れてくるものに即座に反応し、仮に小さなゴミであっても一旦近くまで寄っていき、エサでないことを確認して戻ります。明らかに視覚でエサを追っていることが分かります。さらに、音や影には極めて敏感で、ある意味臆病な魚であるといえます。

　そんな渓魚を釣るためには、定位する流れを見極めなければなりません。とはいえ釣り人は川を上（斜め横）から見ているので、渓魚のようすを直接知ることはまず無理です。そこで川面の流れから流速や水深、川底の状況を推測し、「渓魚がどの辺りにいて、上流側のどこに投餌して、どの筋を流せばエサを見つけて食ってくれるか……」ということを頭の中でシミュレーションして釣っていきます。もちろん、立ち位置を決めるに際にも敏感な渓魚に覚られないように、そっと静かに行動することはいうまでもありません。特に、渇水時などはアプローチの善し悪しが釣果を大きく左右しますから、一段と慎重に近づくようにします。

　ある程度渓流釣りをやっていると、渓魚の付き場には何らかの法則があることが分かってきます。これは次章で詳しく解説します。

渓魚の棲む川の「表情」を読む

　川にはいろいろな顔があります。源流といわれる滝が連続するような落差の大きい流れから、瀬と淵が交互に続く変化に富んだ流れの辺りまでを一般に渓流と呼び、川全体の中でも上流域にあたります。川はその後、流下するにつれて支流の水を集めながら流量を

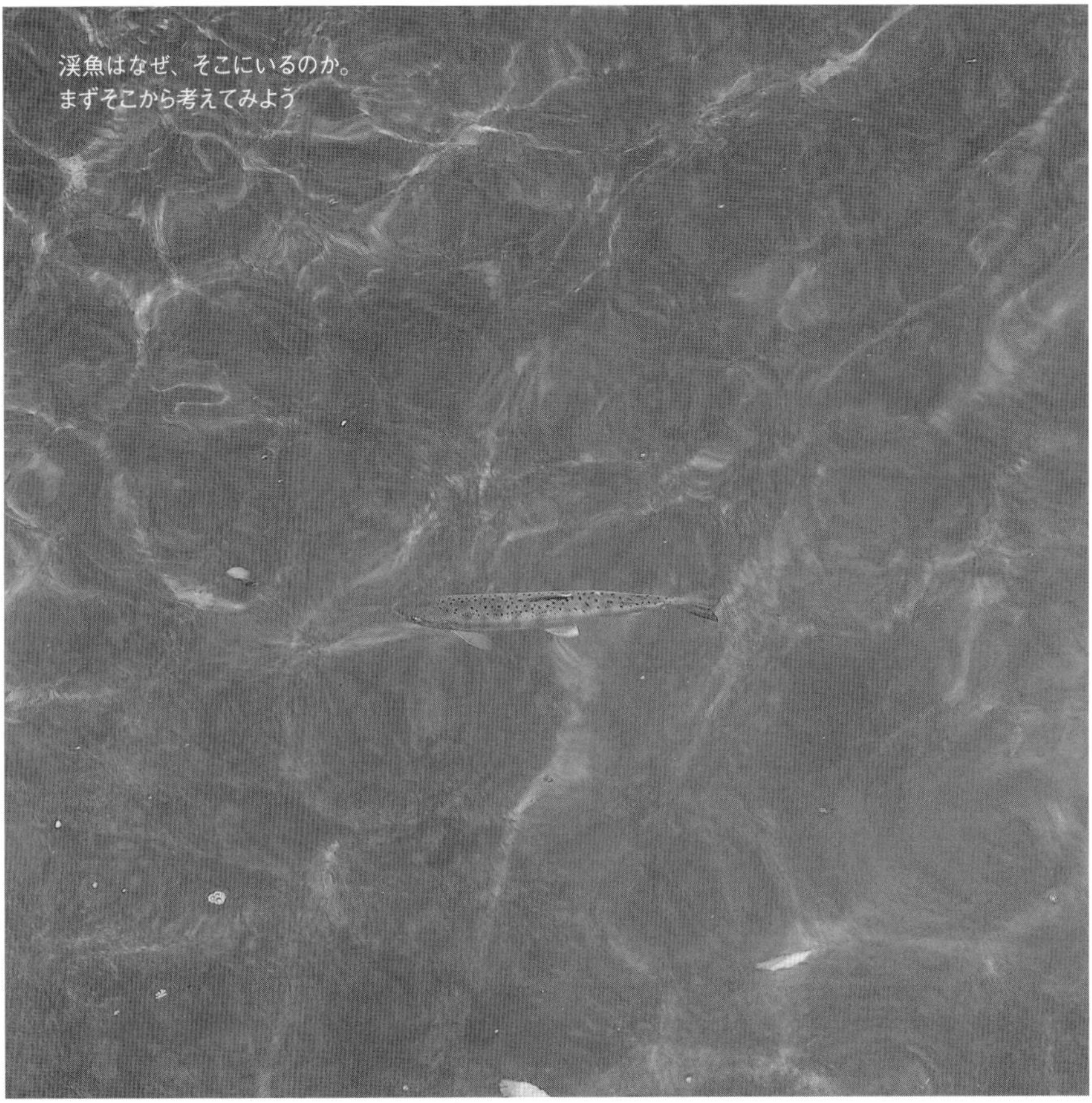
渓魚はなぜ、そこにいるのか。
まずそこから考えてみよう

増し、本流と呼ばれる大川となってついには海へと注ぎます。

渓魚は水温やエサなどの環境さへ整っていれば本流や河口近くにまでも生息しますが、一般にいわれる渓流釣り場は河川の上流域を差します。

渓流域の特徴として、短い瀬と淵が連続して現われることが挙げられます。人の手が加えられていない流れであれば、一般には流れがぶつかり湾曲するあたりに淵があり、その下流に瀬ができて、また流れがぶつかるところに淵があるといった感じです。そして渓流域では瀬も淵もポイントとなります。

瀬は段々状に流れる段々瀬と呼ばれるものから、ドッと流れる荒瀬、あるいは水深が浅く単調に流れるザラ瀬までと、実にさまざまな流れの形があります。

段々瀬はそれぞれの落ち込みのどこかに渓魚が付く流れがあり、比較的釣りやすい瀬といえます。

荒瀬は一見流れが強くて渓魚が付きそうなポイントには見えないかもしれませんが、案外川底には流れの緩い場所があるものです。そこで表層の流れから川底のようすを読み取ることでポイントを見つけ出します。また、速い流れの際が渓魚の付き場になっていることもあります。ザラ瀬の場合、単調な流れの中にあるちょっとした変化の中に渓魚が付くポイントを捜し出すことができます。

淵になるとまた渓魚の付き場が絞りにくくなってきます。淵はキャパシティーが大きく、渓魚が定位しやすい流れは無数にあり、魚の量も多いポイントです。一方、釣り人側からすると完全に攻略するのが難しいのも淵の特徴です。

実に多彩な川の流れから渓魚の付き場を読み、思いどおりに仕掛けを流して食わせ、タモに入れる。そのためには渓魚の棲む川を知ることがとても大切です。

川に馴染み、川を知り、渓魚を知る

渓流釣りにマグレはないといいます。ビギナーズ・ラックといわれるように初心者が大釣りすることはあります。しかし、渓流釣りに限ってはまずそんなことはありません。管理釣り場(釣堀)や、成魚をバンバン放流する場所は別として、この釣りほど上手・下手の差が歴然と釣果に表われる釣りはないといってもよいと思います。

その差は何によるものでしょう。タックルの扱い、仕掛けの流し方など技術はもちろんですが、一番大きいのは、川と渓魚のことをしっかりと理解しているかどうかに尽きると思います。

私が渓流釣りを始めて間もない頃、シーズンを通して同じ川の同じ範囲でサオを振り続けたことがあります。好みではなく意識的に、釣れても釣れなくても、雨の日も風の日も、渇水時も増水時も同じ川・同じ範囲で釣りをしました。そのうちに魚の付き場やその移り変わり、活性の変化などがおぼろげに分かってきました。その中で自ずからポイントへのアプローチや、流れごとの仕掛けの流し方など、気づかされることが多くありました。

翌シーズンもさらに同じところでサオをだしてみると、なんとなくという思いが徐々に確信へと変わってきました。そして今度はいろいろな渓流を釣り歩くうちに、その確信がほかの川でも応用できることが分かったのです。

一見同じように見える流れにも、渓魚が付くポイントとそうでないところがあることも知りました。より効率のよい釣りができるようになり、釣果はさらにアップしました。

サンデー渓流マンが、そうそう毎日川へ通うわけにもいかないと思います。しかし、ぜひ川に馴染むことから始めてみてください。川を知り、渓魚を知るほど渓流釣りはもっと楽しく、奥深いものになるはずです。

3章

実践編

初めての1尾へ

釣り場では、仕掛けのセット1つをとっても上手下手に差が出る。
上級者ともなれば着替えからサオを手にしての第1投まで、
すべての作業が流れるようにスムーズで無駄というものがない。
しかし「ローマは一日にして成らず」。初心者は一つ一つの動作をまず確実に、
それぞれの意味を意識して行なうことから始めよう。

まず1尾！
基本の動作

仕掛けをセットする

サオは地面に置かずに作業すること ―オモリとハリの間隔は？

釣り場へ着いたら仕掛けをセット、これから始まる渓魚との一騎打ちに心弾む時です。穂先に天井イトをつなぎ、仕掛け巻きは腰のタモに入れ、サオを穂先から順に伸ばします。この時、決してサオを伸ばして河原などに置いたまま仕掛けをセットしないように。サオの脇を歩いて踏みつけ、ポキッ、てなことになりかねません。

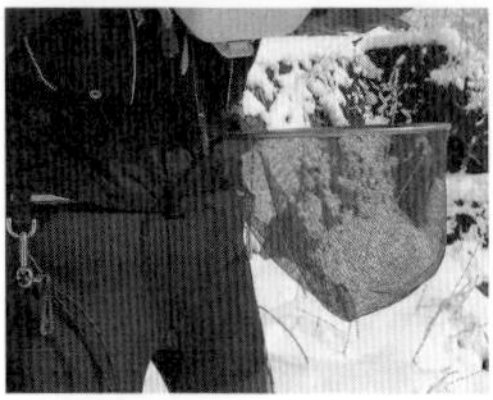

仕掛けをサオにセットしたら、穂先から順番にサオを伸ばしていく。仕掛け巻きは、あらかじめタモに入れておくとトラブルなくスムーズに作業ができる。サオは必ず手で持ち、地面には置かないこと

　サオはよほどのことがない限り地面に置いてはいけないのです。釣っている時以外でも手から離さず、仕掛けを替えたりエサを付けたりする時は、わきに抱えるクセをつけましょう。周りが開けた川では肩に担いでもOKです。

　仕掛けをセットしたらオモリを付けます。ポイントの水深、流速を見てオモリの大きさを決めます。流れが強く水深があれば大きめ、緩くて浅いところは小さめのオモリにします。

　オモリを打つ位置＝オモリとハリの間隔は、オモリが大きいほど離し、小さいほど近づけます。3号オモリで約20㎝を基本に、4～5号で15㎝、Bで30㎝くらいとします。小さなオモリは魚がハリをくわえた時に魚が感じるテンションが小さく、そのぶんハリとの間隔を短くしてアタリが早く素直に出るようにします。

ハリとオモリの間隔

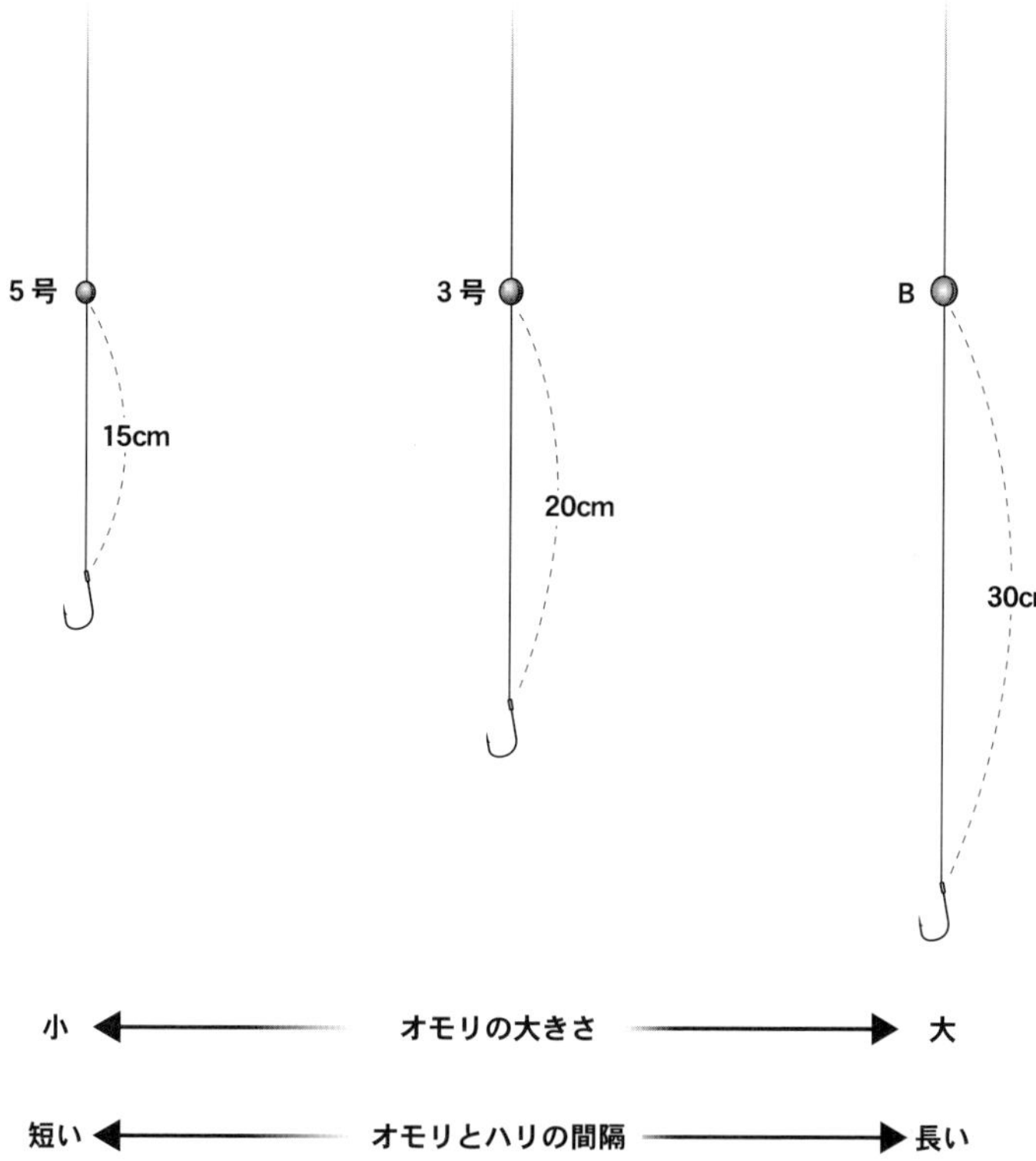

オモリが大きくなると、魚がハリをくわえた時に感じるテンションも比例して大きくなります。そこで今度は逆にハリとの間隔を長くして魚の違和感を軽減します。ただしこの場合、アタリはモゾッとしたあいまいなものになります。また、オモリを付ける際は必ずその位置にオモリガードを移動してからオモリを噛ませます。

次に目印の高さを調節します。仕掛けを立てて流す場合は、水深と同じか、やや高めに一番下の目印が来るようにします。川底には起伏があって最初は難しいですが、流す筋で一番深いところのおおよそを推測して決めます。

厳密にいえば、流れの強さで生じるイトフケも加味すべきですが、これは一度流してからでも遅くありません。とりあえず水深＋αの位置にセットします。そして、その上の目印は10～20cm離して、3つの目印をほぼ等間隔の位置に調整します。目印によって仕掛けの流れ方や角度を見ます。

まず1尾！基本の動作

エサの種類とハリの刺し方

水中でエサがクルクル回る、すぐ死ぬ刺し方はNG！

主力は川虫

渓流釣りのエサはいろいろありますが、主力は川で採取する川虫です。くどいようですが渓流釣りで最も有効なエサは、普段から渓魚が捕食している水生昆虫や、川面を流れる陸生昆虫ということになります。

エサとしてよく使われる川虫の種類を紹介すると、ヒラタと呼ばれるヒラタカゲロウの仲間の幼虫、キンパク、オニチョロと呼ばれるカワゲラの仲間の幼虫、クロカワと呼ばれるトビケラの仲間の幼虫、そしてピンチョロと呼ばれるフタオカゲロウの幼虫などがあります。

生息する川虫の種類や密度は、川によって異なります。これは渓相や川の水質、底質が深く関係します。ある川ではたくさんいる虫が、別の川ではさっぱり見ないということも起こります。また、ここでいう「川虫」はすべて幼虫で、やがては羽化して成虫になるということも覚えておきましょう。

釣行する川でその時期に一番多くいる川虫をエサにするのが基本というのは、こういうわけなのです。

川虫のほかには、ミミズやイクラ、ブドウムシなどが渓流釣りのポピュラーなエサとして使われています。これらは予備エサとして常備しておくと便利なうえ、時には川虫以上に効果的なエサとなり得ることもあります。

主な種類とハリの刺し方

エサの選択と同じくらい大切なのがハリの刺し方です。エサが自然に流れ、また元気に生きている状態を長く保てる刺し方を覚えましょう。一つ間違えると、せっかくのエサが即死状態になったり、水中でクルクルと回転したり。不自然な流れ方をするエサには、渓魚は振り向いてくれません。

●ヒラタ—代表的な川虫エサ

ヒラタカゲロウの仲間の幼虫で、名前のとおり平べったい体型です。瀬に棲む虫という意味から、瀬虫などとも呼ばれます。チョロムシと呼ぶこともあります。

ヒラタとひと口にいっても種類はいくつかあります。釣り人の間では採れる時期で大きく2つに分けています。川にもよりますが、解禁当初から4月初旬くらいまでに採れるものを、オコ

川虫エサ

キンパク

体色の黄～金色が名前の由来になったキンパクは、動きでアピールするエサ。春が進むと羽化して採れなくなる。ハリを刺す時は、お尻から刺して胴の脇へ抜く。胸までハリを通さないように

ヒラタ(オコシムシ)

2～4月はじめにかけて採取しやすい。体が柔らかく、渓魚の食いはよいが、そのぶんすぐに足が取れたりするのでチェックはマメに。ハリはお尻の先のほうから刺し、胴の脇へと抜く

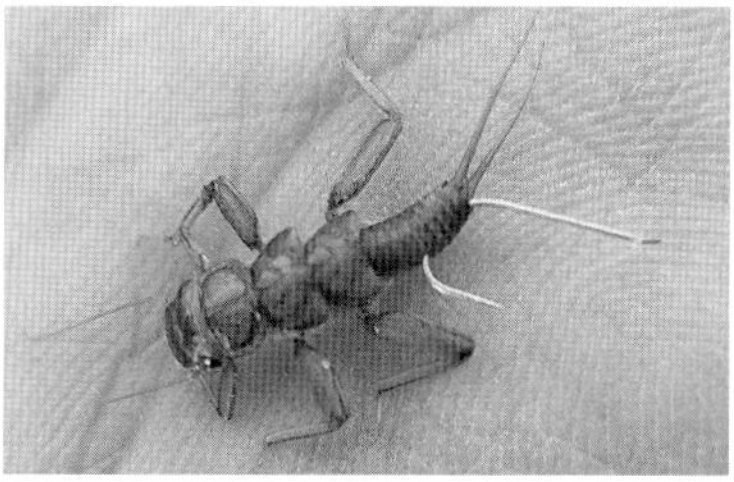

オニチョロ

シーズンを通して採れるが、イワナ向きのエサ。なるべく小さなサイズを選ぶ。キンパクと同様動きがよく、流している最中に石に張り付くことも。ハリの刺し方はやはりお尻から胴へ抜く

ヒラタ（ナデムシ）

同じヒラタでもオコシムシより体が硬く、流れの強い荒瀬の石などに付いている。水が温む頃から夏までの代表的なエサ。ハリの刺し方はオコシムシと同じ

シムシといいます。オコシムシがいなくなる頃から採れ始めるものは、ナデムシといいます。

オコシムシを漢字で書くと「起こし虫」。これは石を起こして採ることからです。オコシムシは流れがあまり速くない川底の石裏にいます。下流側に網を置いて川底を足でかき混ぜると採れます。同じヒラタでもナデムシと比べると柔らかいのでエサ持ちが悪く、すぐに足が取れたりします。エサのチェックは頻繁に行ない、欠損していたら取り替えるようにします。

一方、ナデムシは流れの強い荒瀬の石に付きます。流れに洗われた大石の側面を、ヘチマでなでて採ることからそう呼ばれます。水が温み始める頃から夏までの間の代表的なエサで、オコシムシよりも少し硬い虫です。ナデムシも水温上昇とともに川から徐々に姿を消しますが、水温の低い川を見つけておくと採ることができます。

ヒラタのハリの刺し方は、お尻の先

のほうにハリ先を刺し、胴の脇へと抜くとイトを下げた時にヒラタが下を向きます。横を向くような刺し方をすると水中でクルクルと回り、仕掛けが絡んでしまうので注意します。

　季節によっては小さなヒラタしか採れないことがあります。そんな時、ハリを隠すために何匹かのヒラタをハリに通し刺しにしたほうがよいという向きもあります。しかし渓魚の視力は抜群ですから、1匹刺すだけで充分です。それよりもハリのサイズを変えてやるほうが効果的です。

　ヒラタは安定した釣果が望めます。私が年間を通じて最も頻繁に使用するエサがヒラタです。

川虫エサ

クロカワ

本流の大ものねらいで使われることが多い。ハリは頭部の硬い部分を避けてチョン掛け。ミミズのように通し刺しにしてはいけない

ピンチョロ

1箇所に大量に生息していることが多く、地域によってはポピュラーなエサ

●キンパク―動きで渓魚にアピール

　カワゲラの仲間の幼虫です。長良川で採れるものは黄色～金色に見えることから、金箔をまとった虫という意味でキンパクと呼ばれています。同じカワゲラの仲間のオニチョロとよく似ていますが、体が柔らかく渓魚の食いはオニチョロより上、ヒラタよりは若干劣るといったところです。

　キンパクは解禁当初から採れますが、桜のつぼみが膨らむ頃には羽化して川から姿を消します。小石や砂利底

その他のエサ

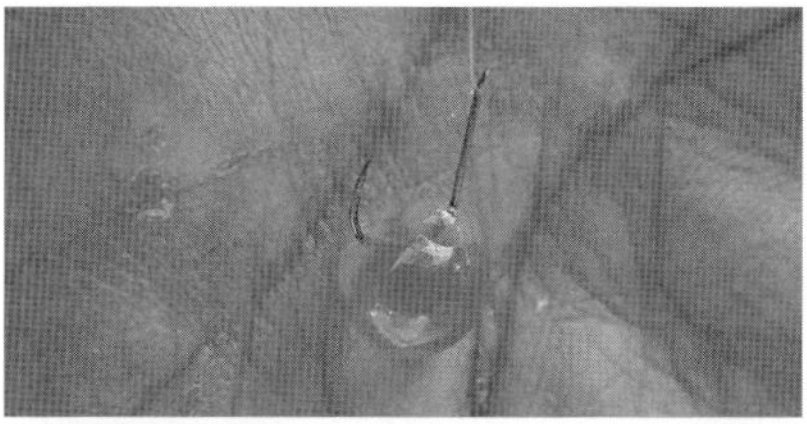

イクラ

マス釣り場などではよく使われるが、解禁当初は一般河川でも効果的。瓶詰めから1粒ずつ写真のように刺して使う

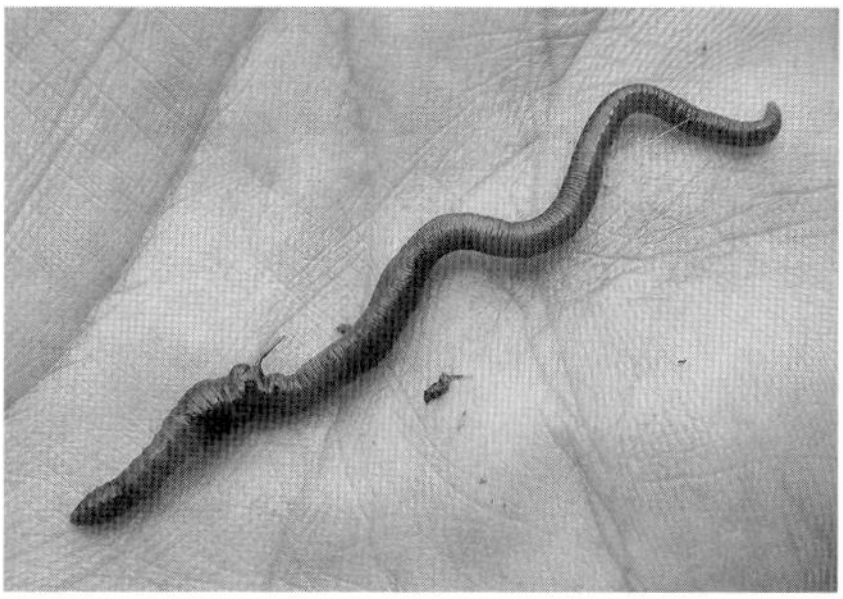

ミミズ

釣具店で容易に購入できる。時間帯や釣り場の状況によっては特効エサとなることもある。"食い逃げ"防止に、ミミズ通しで通し刺しにするとよい

ブドウムシ

釣具店で容易に購入できる。予備エサとして常備しておくと便利

にいるので、オコシムシの場合と同じく川底をかき混ぜて採ります。エサ持ちがよく、保存も利くので解禁当初のエサとしては渓流マンの一番人気です。

キンパクは動きでアピールするエサです。ハリを刺す時は胸の部分までハリを通さないこと。ハリ先をお尻の先端へ入れ、胴の部分で体側へ抜きます。胸は虫の急所ですから、ハリを通さないように注意しましょう。

●オニチョロ—小さなサイズを選ぼう

キンパクと同様にカワゲラの仲間の幼虫ですが、体は硬く、年中採れます。背中の紋様が鬼の顔のようで、オニ（鬼）ムシとかオニチョロと呼ばれます。大は3㎝を超えるものまでいますが、できるだけ小さめを選びます。

オニチョロは、どちらかといえばイワナ用のエサと考えられています。ヒラタやキンパクと比べると魚の出方は少し遅いですが、川によっては抜群の食いを見せることもあります。

オニチョロもキンパクと同様、動きで渓魚にアピールするエサです。ハリに刺す時は、やはり胴の部分へ刺して虫の動きを活かすようにします。

●クロカワ─本流の大もの向き

トビケラの仲間の幼虫です。川底の石の間に、クモのような糸で小石を固めた巣を作ります。石をひっくり返してつまんで採るか、川底の石を足でかき回して採ります。クロカワは本流に多く、水温が低い支流では少ない虫です。ボリューム感もあり、どちらかといえば本流域での大ものねらいのエサとされています。ただし、生息していない川で使うと渓魚に見向きもされないことがあるので要注意です。

クロカワは長時間の保存が利かず、原則的に釣り場かその付近での採取となります。ハリに刺す時は、頭または口と呼ぶ硬い部分を避けて、柔らかい部分をチョン掛けにして動く状態を保ちます。間違っても通し刺しにしてはいけません。

クロカワは時間が経つとハリを刺した部分から中身が抜けていくので、しぼんだ状態になったら取り替えます。

●ピンチョロ─地域によっては人気

フタオカゲロウの仲間の幼虫です。長良川ではほとんど採れないので私は使いませんが、地域によってはポピュラーな春のエサです。落ち葉などが堆積する穏やかな流れに集団で生息し、場所を知っていれば短時間で大量に採れます。

●ミミズ─時には予備以上の働きも

渓流釣りで主に使用するのはシマミミズで、体液の黄色い汁が出ることから黄血＝キヂとも呼ばれます。

ミミズが効果を発揮するのは一般に増水で川が濁った時といわれます。しかし平水時でも抜群の食いがみられることもあります。釣具店で簡単に入手でき、予備として持参したいエサの1つです。特に大型ねらいで朝マヅメに用いると、食いがたつことがあります。通常は小振りなものを選びますが、大ものねらいでは極太ミミズで視認性を高めてやることもあります。自分で採取したものにこだわる人もいます。

刺し方ですが、エサ全般の基本はチョン掛けで鮮度を保ちますが、ことミミズに関しては通し刺しにしたほうが食い逃げを防ぎハリ掛かり率が高くなるので、市販のミミズ通しで丁寧に通し刺しにします。

ミミズ通しのハリ先は注射針状なので、使用後はハリ先を仕舞うのを忘れないように。そのままにしておくと怪我のもとです。

●イクラ─管理釣り場や成魚放流魚に

イクラはサケの魚卵です。食用でも釣り用でも大差はないですが、そのままだと粘って扱いにくいので、あらかじめ片栗粉などをまぶしておくと1粒ずつ取り出しやすくなります。一般に

ミミズ通しの使い方

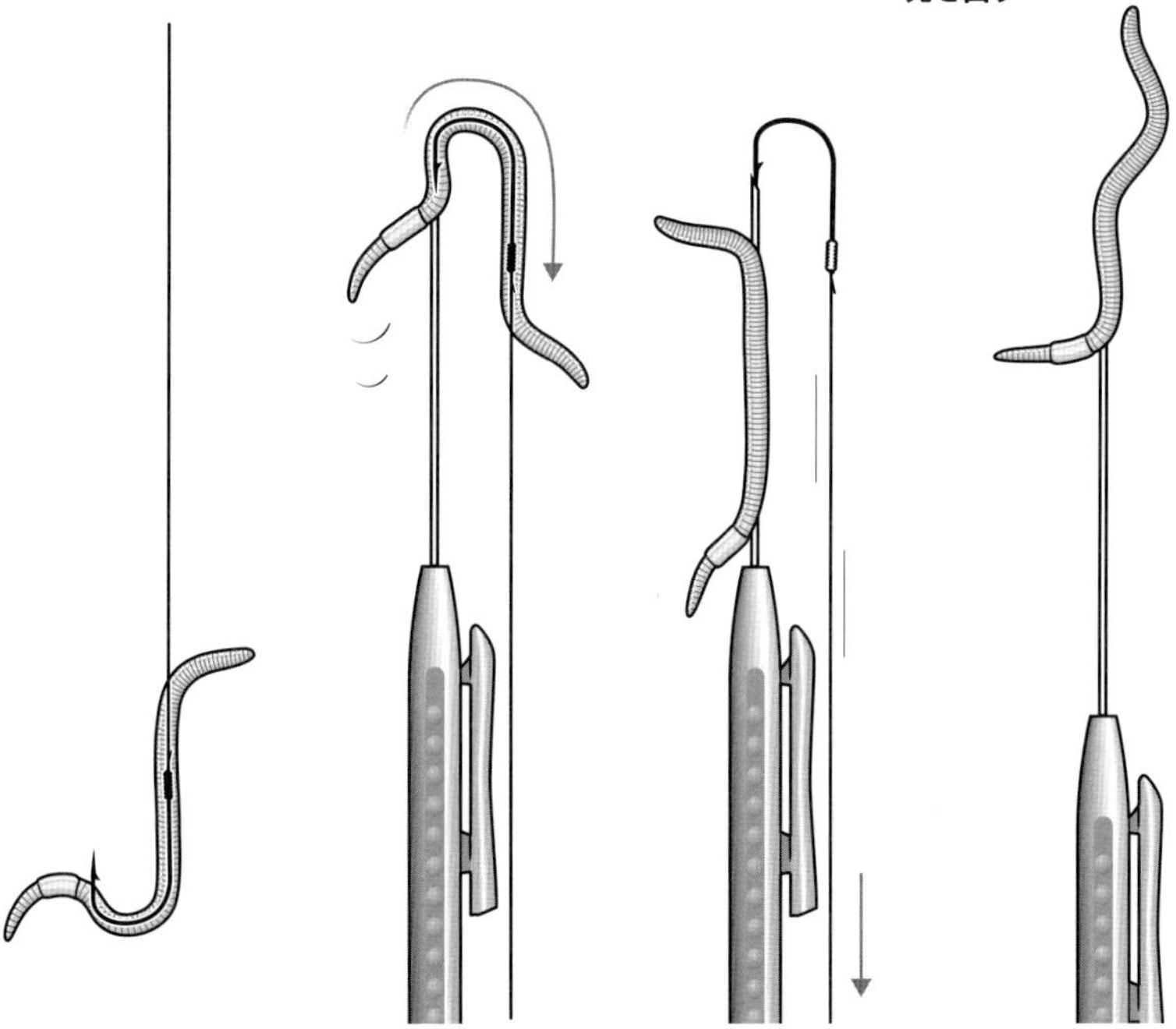
①ミミズ通しのハリ先をミミズのハチマキ部分を外して刺し、全体の2 /3くらいを通し刺しにして、先を出す
②ミミズ通しの先の穴に釣りバリを刺し、イトを引きながらミミズをイト側にこきあげる
③ミミズをこき上げてイトに通したらミミズ通しの先の穴からハリを抜く

は管理釣り場や成魚放流魚ねらいで使いますが、解禁当初からしばらくの間は野生魚にも効果があります。

刺し方は、皮をすくうように1粒ずつ刺します。何度か振り込むうちに、刺した部分から中身が抜けてくるので、色が白っぽくなったら交換します。

●ブドウムシ―手軽な予備エサ

ヤマブドウのツルに寄生するガの幼虫です。かつてはエビヅルなどとも呼び、ヤマブドウのツルに入ったままの状態で、束で売られていました。

近年は段ボールの間に巣を作った状態の養殖物が市販されています。これはチョン掛けでハリに刺します。川虫が採れない時の予備エサ的な存在ですが、夏場の渇水・高水温時に思わぬ効果を発揮することもあります。

まず1尾！
基本の動作

川虫の採り方と保存

上手に採取・保存することが一人前への第一歩

川虫は釣具店などで入手できるところも一部にありますが、基本的には釣り人が自ら採るものです。採取方法は種類別に異なりますが、一般的には川虫がいそうな川底の下流側に網を置き、上流の川底をガサゴソ足でかき混ぜると流れ出した川虫が網に入るのでピンセットで摘まんで採ります。

採った川虫は、なるべく鮮度を落とさないように保存します。キンパクやオニチョロは、ホームセンターで市販している園芸用ミズゴケを水に浸してからよく絞ってほぐしたものに移して保存します。冷蔵庫の野菜室に入れて温度を管理すれば1週間程度は保存できます。

ヒラタは川砂に入れて保存します。釣り場でエサ入れに入れて持ち歩く際は砂をふるい、ミズゴケやスポンジを湿したものの上に置きます。砂に入れて持ち歩くと、ヨレて足が取れてしまいます。

クロカワは基本的に採りながら釣りますが、川虫ストッカーを使い友舟に入れて持ち歩けば、その日くらいは元気です。

川底をガサゴソすればたいていの川虫は採れますが、ナデムシと呼ばれる盛期のヒラタに限っては、急流の石の際に付いているヒラタをタオルやヘチマでなでて採ります。少し高等技術ですが、石の側面を、上流側から下流側へそっとなでると、多い時には数十匹のヒラタが採れます。

川虫を上手に採ることは、一人前の渓流マンになる第一歩と考えましょう。

オコシムシなど

砂利底を足でかき混ぜると、流された川虫が下流側に置いた網に入る

ナデムシ

流速のある石の脇をヘチマでなでると、ナデムシがヘチマに引っ掛かって採れる

ナデムシ採り用ヘチマの開き方

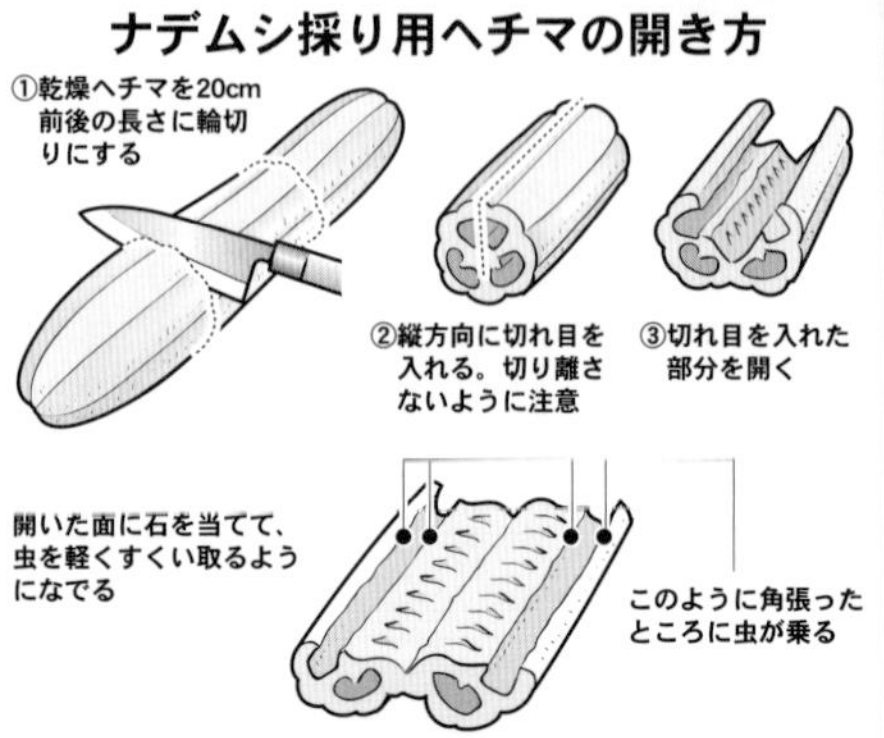
①乾燥ヘチマを20cm前後の長さに輪切りにする
②縦方向に切れ目を入れる。切り離さないように注意
③切れ目を入れた部分を開く
開いた面に石を当てて、虫を軽くすくい取るようになでる
このように角張ったところに虫が乗る

網やヘチマで採った川虫は、ピンセットでつぶさないようにていねいに摘んでエサ入れへ。昔、長良川の職漁師は口で吸って虫入れに移していたという。それほどエサの扱いには気をつかっていたのだ

ヒラタの保存法

1 採取したヒラタを乾いた川砂の上に置く

2 その上から乾いた川砂を振りかけ……

3 砂を付けることで虫の水気を切る

4 家に持ち帰ったら一度ふるいにかけて虫だけを取り出す

5 今度は湿らせた川砂にヒラタを入れる

6 川砂は湿らせ具合が肝心。ギュッと握ると固まり、傾けるとサラリと崩れるくらいがちょうどよい

採取した川虫は……

ヒラタ

釣り場で使う分は、湿らせたミズゴケやスポンジを置いたエサ入れに入れる

クロカワ

川虫ストッカーを使って友舟に入れて持ち歩けば、その日1日程度はOK

キンパク

釣り場で使う分はヒラタと同じ。保存する場合は、水分を含ませたミズゴケを絞って軽く水気を取り、その上にキンパクを置いて持ち帰る

まず1尾！
基本の動作

サオを持つ

リラックス&身体を安定させる。そして穂先はブラさない

基本の両手持ちの構え。両足のスタンスやサオの角度にも注意しよう

サオの持ち方には片手持ちと両手持ちがあります。どちらでもよいですが、微妙なサオ操作を考えると両手持ちのほうに分があります。いずれにしても、突然の場面に瞬時に対応できる構え方を身につけることが大切です。

まずポイントに向かって足を肩幅くらいに開いて立ち、身体が安定しやすいほうの足を軸足にします。渓流は足元が平坦ではないので、左右の足を前後にずらして構えると安定しやすいです。流れに立ち込んだ時は、上流側の足に体重を乗せて流れに耐えるような体勢をとったほうが安定します。

次は利き手でサオ尻をしっかり握ります。5本の指で握っても、親指を立てて握っても構いませんが（片手持ちの場合、わしづかみはNG）、基本的に利き手はエサを付け替える時以外離しません。反対側の手は、無理のない位置で人差し指と中指の腹をサオに当てて支える感じで添えます。この時の両手の間隔は一般的な体格の人で30〜50

利き手でサオ尻をしっかり（強く握るのではなく）と握り、反対側の手は、人差し指と中指の腹をサオに添えて支える感じ。両手の間は 30 〜 50cm が目安

片手持ちの場合、写真のように親指で上から押さえたり、この状態から人差し指を伸ばすような持ち方が多い。わしづかみはNG

cmとなります。

肘は身体に付けすぎないように。「脇をしっかり締めると安定する」などという人もいますが、逆に身体のブレが穂先から仕掛けに伝わりやすくなってしまいます。脇は締めすぎないように注意しましょう。

振り込み後は仕掛けの流しへと動作が移っていきますが、いずれの場合も利き手を支点にサオを操作するということを覚えておきます。反対側の手は、それぞれの動作を行なう際に補佐するイメージを持つことが大切です。

そして常にリラックスすることを心がけます。肩の力を抜いてスムーズな動作ができるように。こうすることで、いろいろなシチュエーションに瞬時に対応できる構えを作ります。

基本となるサオの持ち方と構えは以上ですが、実際にはサオを持つ構えは十人十色でよいとも思います。自分に一番無理がなく、スムーズにサオが操作できる構えを完成させましょう。

まず1尾！基本の動作

振り込み

サオの弾力を生かして、仕掛けの重みを乗せる（感じる）こと

状況に応じた4スタイル

仕掛けの振り込みは、立木や頭上の障害物など、周囲の状況に応じて最適な方法を選択します。いずれもサオの弾力を生かすことを念頭におきます。

周りがある程度開けて楽にサオを振れる場合、最もお勧めなのが「回し振り込み」です。穂先で円を描くようにサオを回して振り込みます。仕掛けをやや前方頭上で1回転させ、最後にサオを止めると反動で仕掛けが前へ飛びます。失敗してもすぐ仕掛けを跳ね上げてやり直せるので、テンポよい釣りが可能です。頭上で回す際に、仕掛けが穂先に付いて回るイメージでサオを操作すると上手くできるでしょう。

仕掛けを頭上で回さず、バックスイングして前方へ振り込むのがオーバースローやサイドスローです。仕掛けの重みをサオに乗せて押し出すイメージでやるとスムーズに飛びます。利き手でサオを握り、仕掛けをバックスイングしてから前方へ振りますが、この時添えている手の親指付け根付近でサオを押し出します。頭上に障害物があればサイドスロー、両側に障害物があり頭上が開けている時はオーバースローと使い分けましょう。

頭上や左右にも障害物がある時は、アンダースローです。利き手でサオ尻を握り、もう一方の手で仕掛けの先を

仕掛けの重みをサオに乗せながら、
円を描くようにサオを振る。
無理に仕掛けを飛ばそうとして
強くサオを握ってはダメ

回し振り込み

回し振り込み

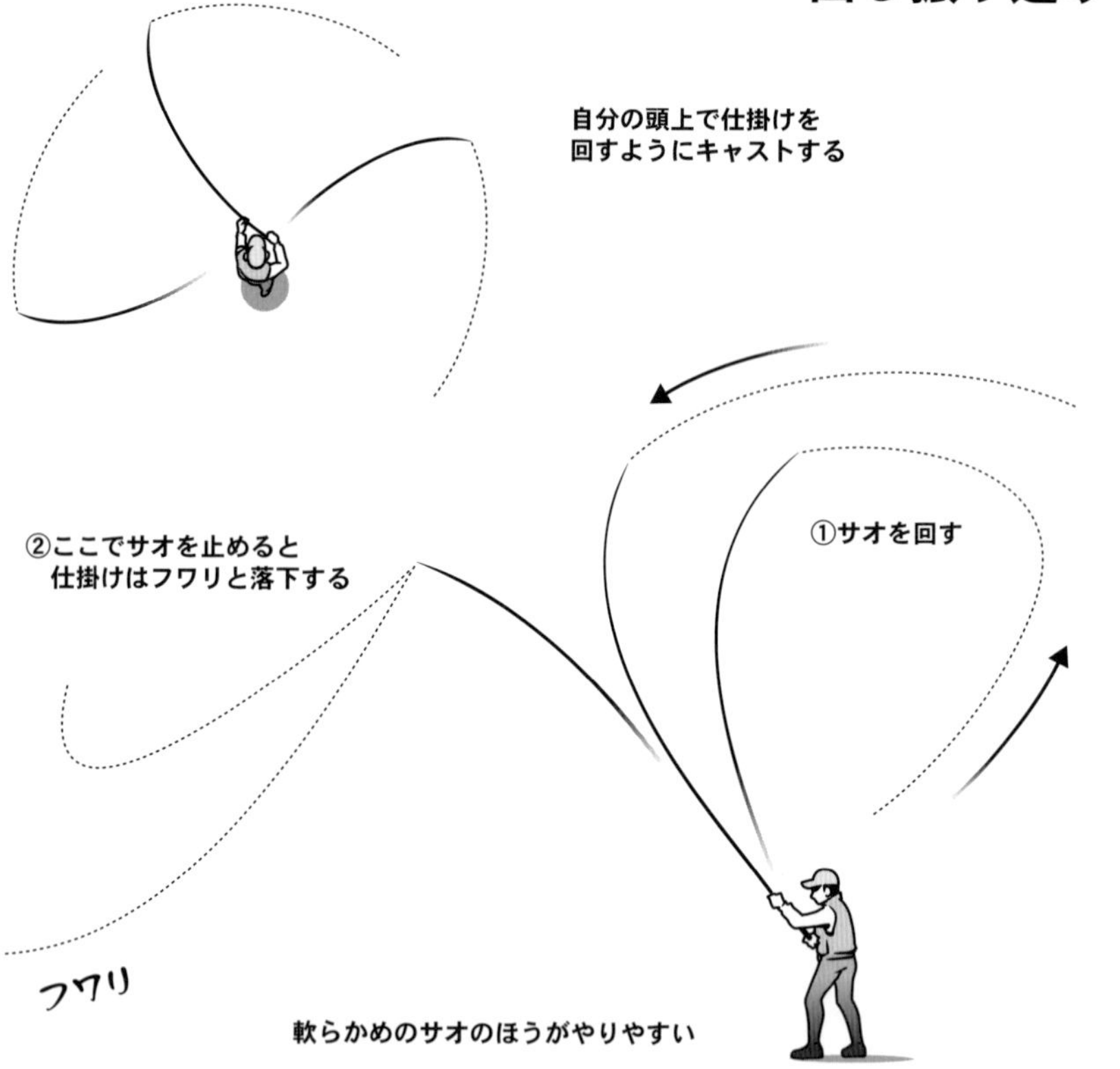
自分の頭上で仕掛けを
回すようにキャストする
①サオを回す
②ここでサオを止めると
仕掛けはフワリと落下する
フワリ
軟らかめのサオのほうがやりやすい

持って引っ張り、穂先を曲げてから離します。同時に利き手はやや上方前方へスナップを利かせて跳ね上げる感じでポイントへ投入します。振り込んだら、すぐに両手持ちの構えに戻します。

正確性を身につけよう

振り込みで最も重要なのは、ねらった場所へある程度正確に振り込めるようになることです。少なくとも、ポイントの向こう側へ振り込むことが大切です。それなら上流側へサオを倒し、穂先を止めて仕掛けを流れに乗せ、ポイントまで誘導できるからです。

上手く仕掛けを振り込むコツは、仕掛けの重みをサオに乗せる（サオで感じる）ことです。もう1つ注意すべきは、着水の際に目印から上の部分を水につけないことです。そのためには目印から下の部分だけが着水するように振り込んだサオを止めてやります。目印が水につくと流し始めがスムーズにいきません。

仕掛けの振り込み

オーバースロー

①サオを少し後方に跳ねる（バックスイング）
②仕掛けの重みをサオに乗せる感じで前方に押し出すイメージで跳ねる。押し出したサオを途中で止めると、仕掛けはフワリと着水する

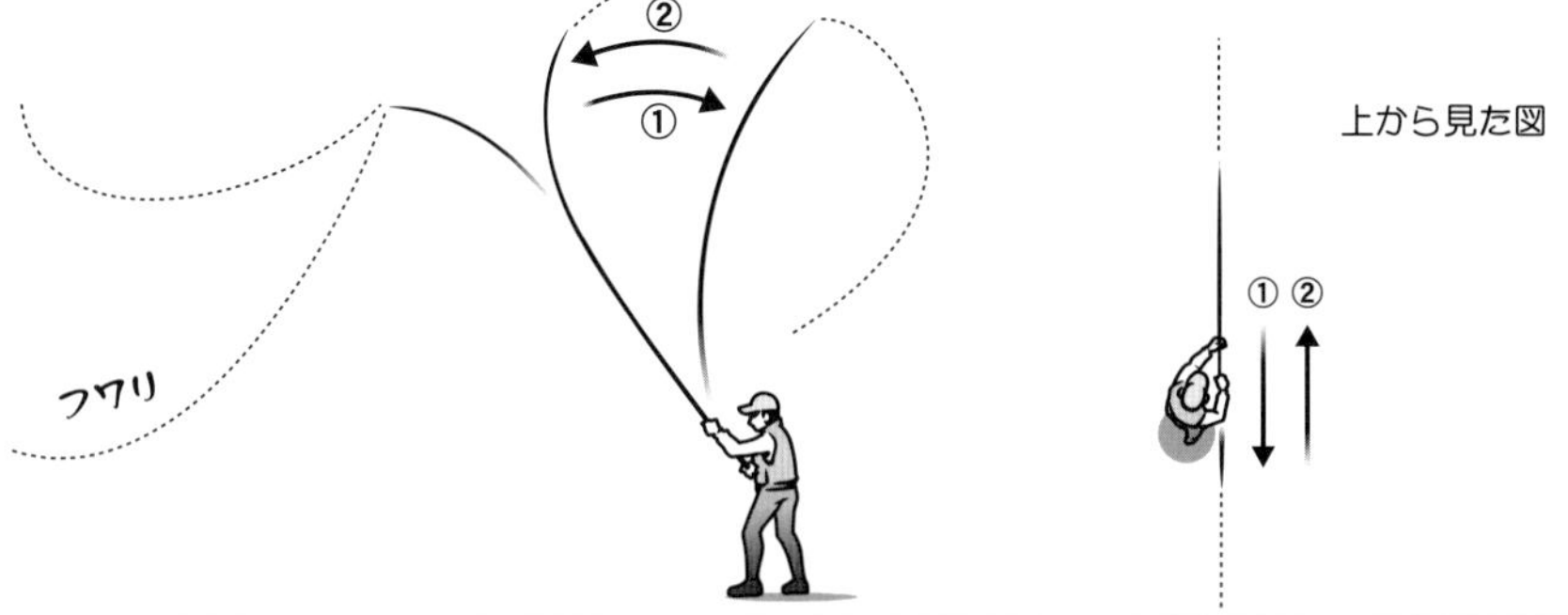

サイドスロー

上方に障害物がある場合や、風が強く、風上に向かって振り込まなければならない時に行なう跳ね込み

①サオを横後方に少し跳ねる（バックスイング）
②サオをシャクリ上げる感じで前方に跳ねる。
サオを途中で止めると、仕掛けはフワリと着水する

アンダースロー

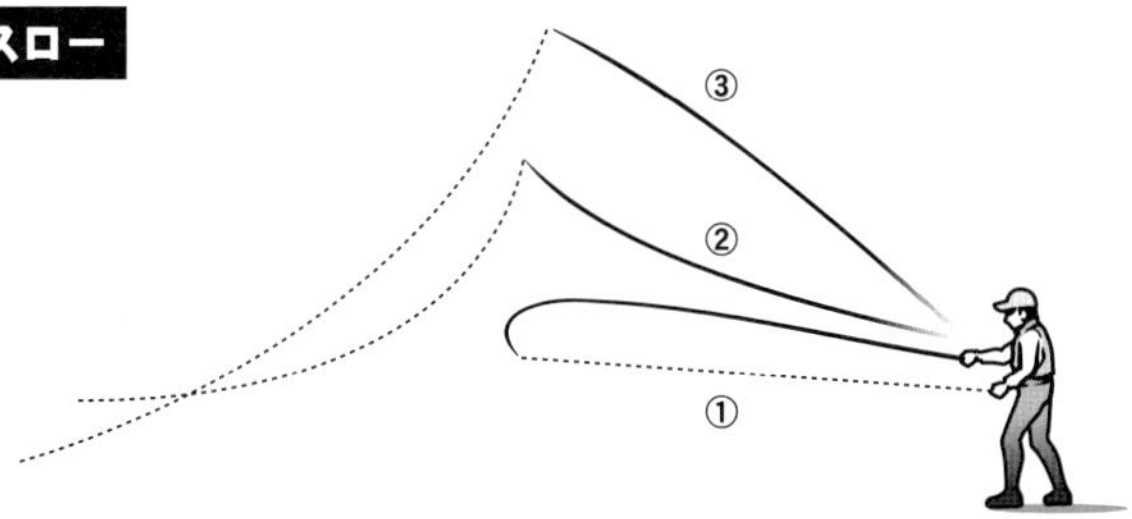

①利き手でサオ尻を握り、反対の手で穂先が曲がるくらいに仕掛けを引っ張って持つ
②仕掛けを離しながら、サオをやや上方へ跳ね上げるようにすると穂先が戻ろうとする反動によって仕掛けが前方へ飛ぶ
③仕掛けが着水する位置を調節するイメージでサオを立て、サオを構える
（この動作を横から行なえば動きの小さいサイドスローとなる）

まず1尾! 基本の動作

仕掛けを流す

渓魚のいる層にエサを送り込むには「イトは張らず緩めず」

シンプルな仕掛けの渓流釣りでは、目印が果たす役割は非常に大きい

着水後は仕掛けを立てる

いよいよ流し方です。仕掛けが着水したら、水面上の一番下の目印を支点に仕掛けを沈めます。サオを起こすと仕掛けが立ち、馴染んでエサ(オモリ)が川底へ沈みます。振り込み後は必ず寝た仕掛けを立ててエサ(オモリ)を沈めるイメージを持つようにしてください。実際には仕掛けを下流側へ寝かせるくらいまで起こすと早く沈みます。この操作をスムーズに行なうためにも、振り込んだ時に目印を水につけないことが重要です。

大きめのオモリを付けて深いポイントを釣る時は要注意です。早く仕掛けを沈めようとついイトを緩めると、オモリがエサよりも先に沈んでしまい、エサ(ハリ)が水中イトに絡むことがあります。こんな時は逆に仕掛けを張り気味にするとうまく沈みます。

仕掛けが立って流れ出したら、目印を追うように穂先を下流へ移動しま

仕掛けの流れ方

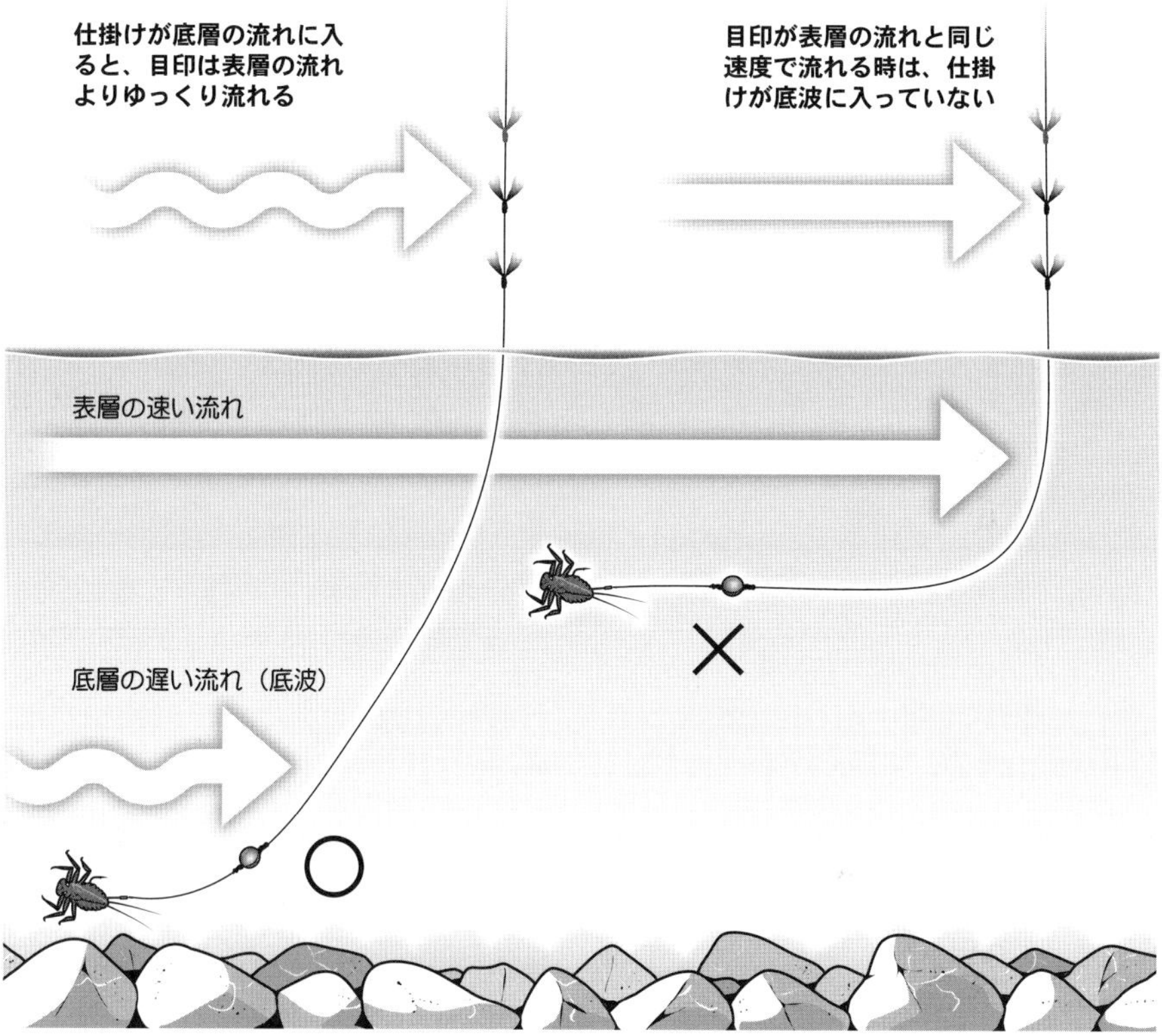
仕掛けが底層の流れに入ると、目印は表層の流れよりゆっくり流れる
目印が表層の流れと同じ速度で流れる時は、仕掛けが底波に入っていない
表層の速い流れ
底層の遅い流れ（底波）

す。この時、目印を上下にブラさないように注意します。操作を手先だけで行なおうとするのではなく、身体をひねって回しながら穂先を下流へと動かすようにします。身体を支点に穂先を移動させるイメージです。

底付近の流れをとらえる

仕掛けの流れるスピードも大切です。川の流れは一定ではありません。一般に表層は速く、底波（底層の流れ）はゆっくり流れています。その理由は、表層は流れに影響を与える障害物がなく、川底には石のデコボコなど起伏があって流れが複雑になるからです。

ここでより重要なのは、渓魚がいる底層付近の流れであることはいうまでもありません。したがって仕掛けが上手く流れている状態＝川底の流れに合った速度で流れている状態といえます。つまり、目印が表層の流れよりも少しゆっくり流れる状態がベストです。

仕掛けを流し終えたら穂先を止め、仕掛けが自然に吹き上がる（浮上する）のを待ちます。水面まで浮き上がったら、仕掛けを戻してエサの状況を確認します。ときどきは直接手に取り、イトの傷の有無やハリ先が甘くなっていないか、川虫の足が取れていないかなども細かくチェックしましょう。仕掛けの不備は後々の後悔の種、エサの不備はアタリを遠のかせます。

風が強い時は、仕掛けが吹き上げられて流しにくくなります。こんな時は、サオを風上へ倒して穂先で仕掛けを押さえつけるイメージで流すと上手くできます。このあたりは経験を積むしかありませんが、常に目印が立ってブレないように流すためには、いろいろなサオの操作を心がけます。

仕掛けを張らず、緩めずのイメージで流すことは先に書いたとおりですが、これを容易にするために最低限注意すべきことが2つあります。それは目印の高さ調整と、オモリの選択です。

目印の高さ調整はマメに行なう

目印は仕掛けのようすを目で確認する釣り人の目標物です。

渓魚はたいていの場合、川底近くに定位しています。仕掛けが川底の流れに乗って流れるには、「目印の高さ＝水深」となるように調節します。しかし実際には川底近くよりも表層の流れのほうが速く、その流れを受けて仕掛けにイトフケができます。このイトフケを考慮すると「目印の高さ＝水深＋α（イトフケのぶん）」となります。ここまでは先に書いたとおりです。

仕掛けを流してみて、速く流れてしまうようなら目印の位置が低すぎます。反対に、頻繁に根掛かりが発生する場合は目印が高すぎるということです。

目印の調整はポイントごとにマメに行ないます。目で確認・推測した水深と川底のようす、表層の流速から状況を判断して、目印の高さを常に調節するクセをつけることが大切です。実際に流してみて、思うように流れなかったらすぐ調整します。

以上が、オモリの大きさが流れとマッチしている場合の目印調整のコツです。まずは適切なオモリの選択が必須です。

目印は現場の状況に応じて位置を細かく調整するもの。オモリの交換と同じく、「面倒くさい」は禁物だ

オモリもマメに交換・調整すべし

初心者によく見られるのが、最初に付けたオモリを全く交換しないパターンです。

通常、渓流釣りでは5号からBくらいまで数種類の大きさのガン玉を使います。一般的に浅いポイントは小さなオモリ、水深があったり流速の速いポイントは大きめのオモリを使いますが、実際の川の流れは複雑です。流速、水深、川底の状況で微妙なオモリの使い分けをしなければなりません(P 68図参照)。

オモリの大きさを選択する目安は3つあります。1つめは投餌点へ思いどおり振り込める重さかどうか。技術やサオの調子にもよりますが、基本的にはスッと振り込んだ時、ポイントへ確実に仕掛けを届けられる大きさが必要です。

2つめは根掛かりしない重さであること。根掛かりが頻発する場合、オモリが大きすぎます。仕掛けがすぐに流れの筋を横切ってしまうような状態もオモリが大きすぎるといえます。

3つめは仕掛けが表層よりもゆっくり流れる重さであること。仕掛けが水面の流れに乗って走る場合は、オモリが小さすぎます。仕掛け（エサ）は川底の流れと同調するのが理想です。オモリが合っていれば仕掛けは川底の流れに馴染み、水面の流れよりもゆっくり流れます。

オモリが流れにマッチしているかどうかで釣果には格段の差が出ます。それほどオモリ選択は大切です。もちろん、オモリ交換の際にはオモリとハリの間隔に注意することも忘れてはいけません。

流れに合ったオモリの選択

オモリ	流　速	水　深
大 ↑	速い	深い
↓ 小	遅い	浅い

根掛かりを恐れない

オモリの選択はバッチリ、目印の高さもOK、でも仕掛けを流していると川底に引っかかる、根掛かりを起こすことがあります。ザラ瀬のような浅い流れや、川底の起伏が大きいポイントを釣る時などは根掛かりの確率が高くなります。

根掛かりには2つのパターンがあります。1つはオモリが石の間に掛かるケース。これはサオを上流側へ倒し、そっと引くと外れます(P 69図参照)。力任せに引いてはいけません。外れない時はオモリが石の隙間に入り込んでいたりします。こうなると川へ入って外すしかないですが、ポイントを潰したくなければ思い切って仕掛けを切ります。

この時注意するのは、サオを曲げた状態で引っ張らないこと。特にサオを突き上げるようにすると折れることがあります。仕掛けを持って引くか、サオを真っ直ぐにして引っ張って切るようにします。

2つめはハリが引っ掛かるケース。この場合、たいていは川底に沈んだ木の枝などの障害物に掛かっています。これも川へ入って外すか、仕掛けを切ります。

根掛かりは厄介ですが、たまには根掛かりするくらいのほうが、上手く底波をとらえて仕掛けを流している証拠です。根掛かりを恐れないようにしましょう。

仕掛けの流れ方によるオモリの選択

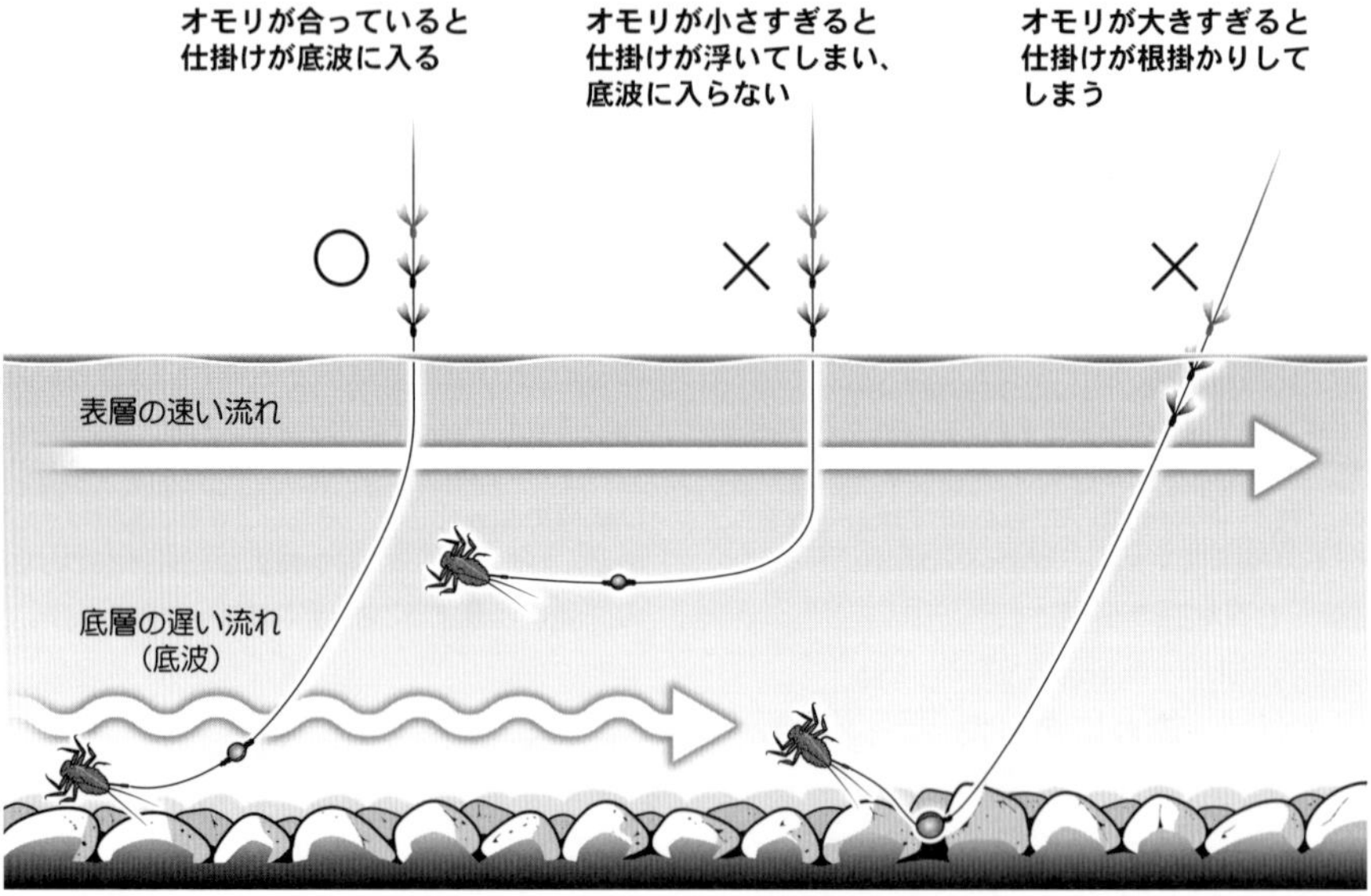
オモリが合っていると
仕掛けが底波に入る
オモリが小さすぎると
仕掛けが浮いてしまい、
底波に入らない
オモリが大きすぎると
仕掛けが根掛かりして
しまう
○
×
×
表層の速い流れ
底層の遅い流れ
（底波）

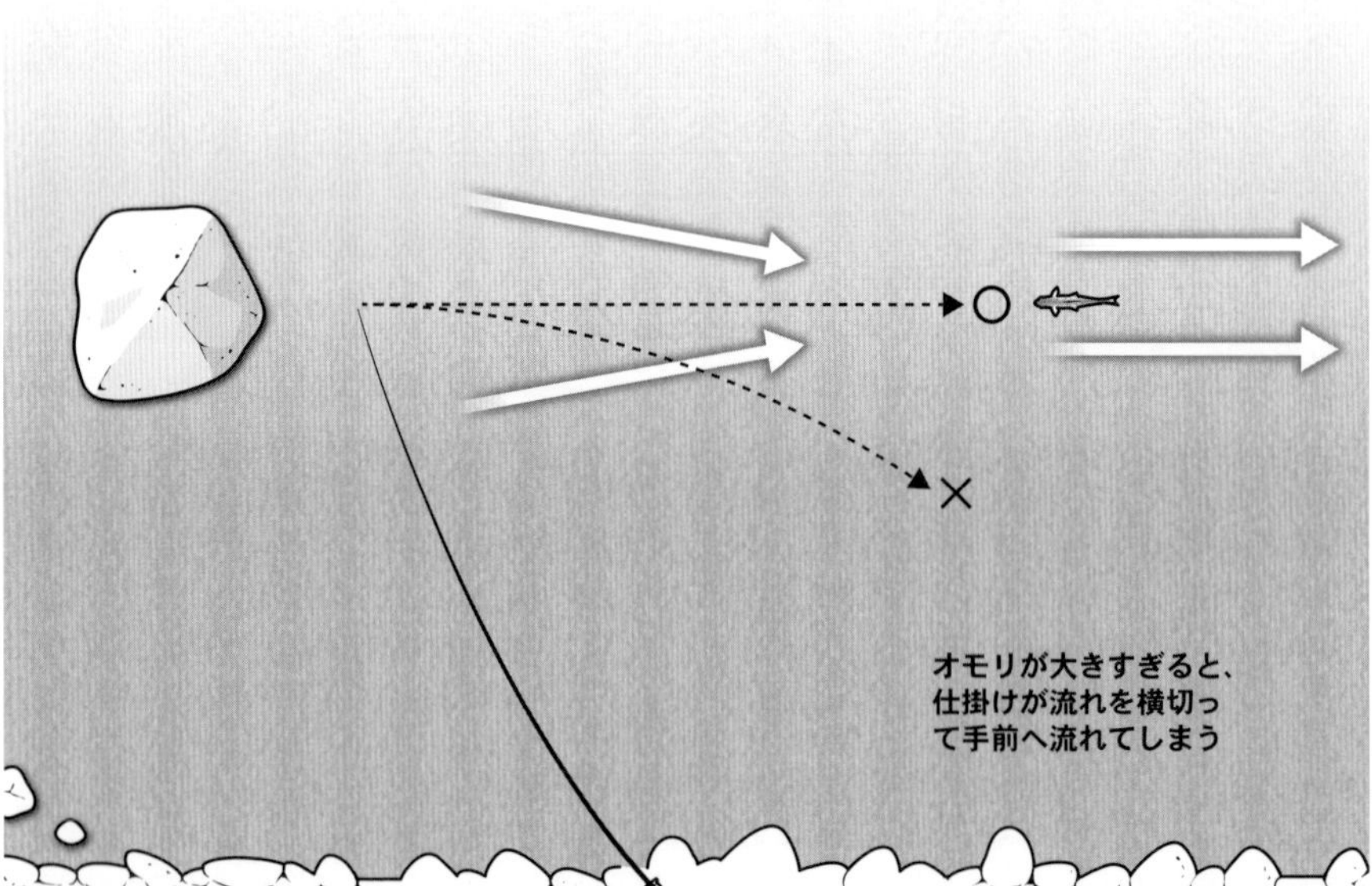
○
×
オモリが大きすぎると、
仕掛けが流れを横切って手前へ流れてしまう

根掛かりを外す方法

仕掛けが根掛かりしたら、サオ（仕掛け）を
上流へ倒して、そっと引っ張ると外れる

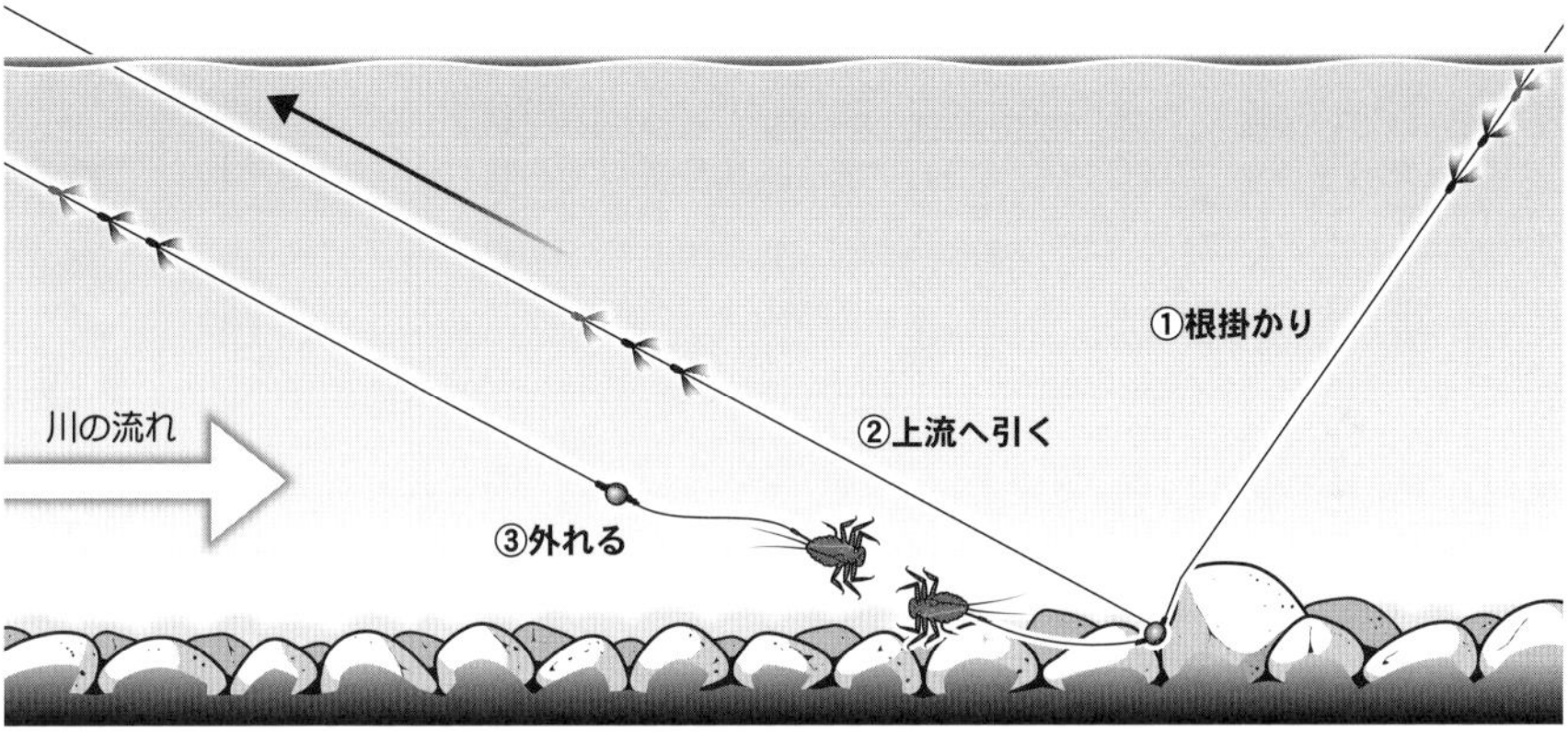
①根掛かり
②上流へ引く
川の流れ
③外れる

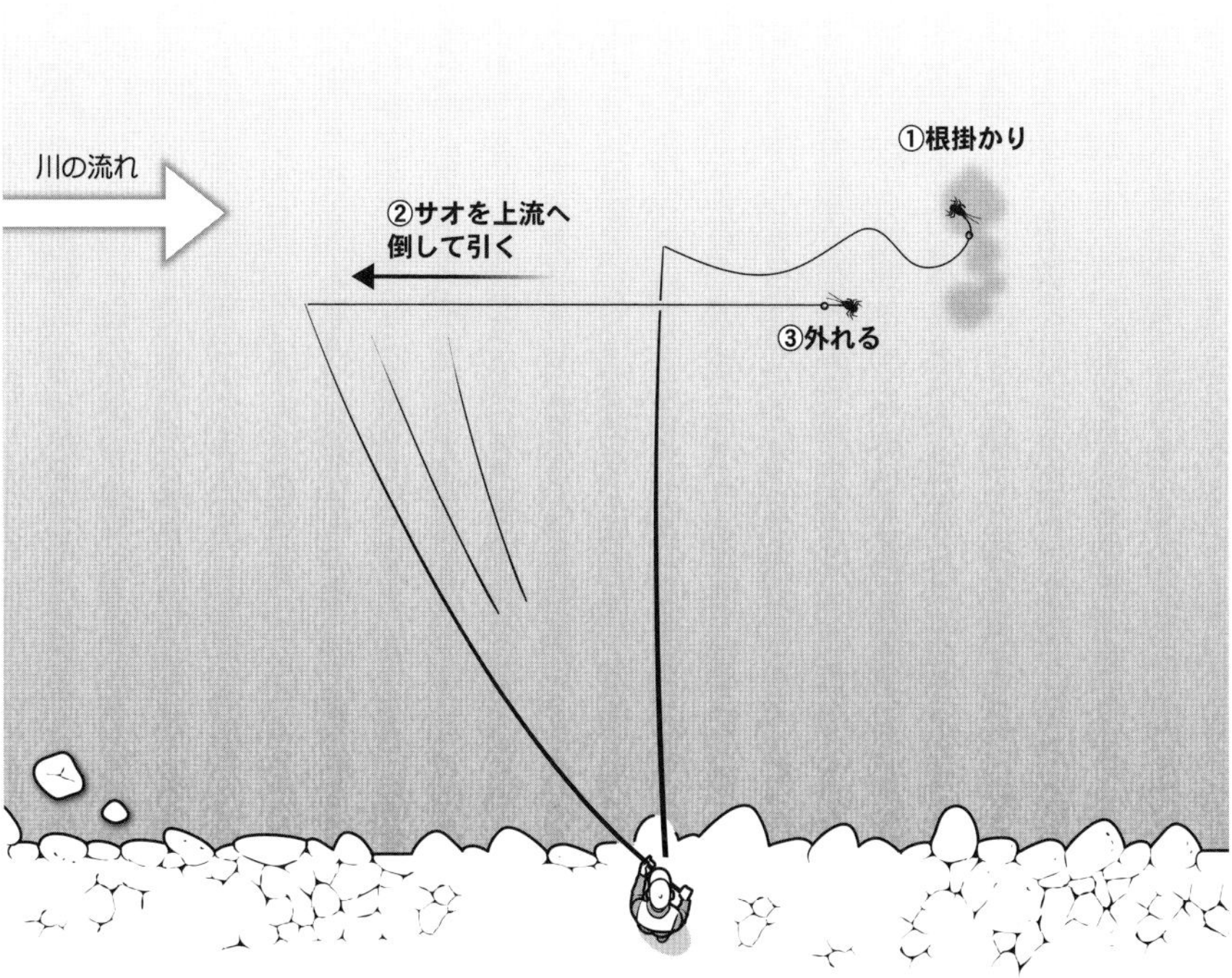
①根掛かり
川の流れ
②サオを上流へ
倒して引く
③外れる

まず1尾！
基本の動作

アタリの出方とアワセ

理想のアタリで素早く、やさしく合わせる

よいアタリ、悪いアタリ

渓魚がエサをくわえると目印に変化が出る、これをアタリといいます。アタリがあったらサオを操作して渓魚の口にハリ掛かりさせることをアワセといいます。イトを立てて流している場合、アワセはサオを真上へ上げる動作をすることになります。

アタリの出方はいろいろです。渓魚の鼻先へ自然に仕掛けが流れた時は、フワッと目印が止まり水中へ入るアタリが出ます。流れが緩いトロではスッと止まるだけの場合もあります。流れの速い荒瀬ではストンと仕掛けが引き込まれるようなアタリになります。

これらはそれぞれ違うアタリに見えますが、流速によって違って見えるものです。いずれの場合も、サッと穂先を持ち上げるようなアワセをすればしっかりハリ掛かりするはずです。こんなアタリが出せるような流し方ができればOKです。

仕掛けを流す筋がズレていたり、流す層が違っている時は、チョンと目印が入るようなアタリ方をします。こんな時は一応合わせますが、すでに魚はエサを離しているか、バレることがほとんどです。あわてず静かに仕掛けを上げ、流す筋と水深を考えてもう一度振り込みましょう。

同じようなアタリが続くと賢い渓魚は口を使わなくなってしまいます。そんな時は間をおいて挑戦します。

何度もチョンチョンと目印が変化しながら仕掛けが流れていくアタリは、すでにハリ掛かりしているか、飲み込んでいるケースが多いです。渓魚はハリを外そうともがき下っています。こんな時は、強く合わせるとイト切れの憂き目に遭うので、ソロッとサオを持ち上げる感じでソフトに合わせます。

アワセは、いかなる場合でも手首で強くサオを跳ねるようにしてはいけません。スッと腕を持ち上げる感じでソフトに合わせるクセをつけましょう。「アワセは素早く、やさしく」がキーポイントです。

いつ合わせるか

アワセのタイミングは渓魚の活性によって少し変わってきます。解禁当初、まだ活性が低い頃は、アタリが出てもしばらく待つくらいの余裕をもってゆっくりと合わせます。盛期になり、

アタリの出方

目印がスッと止まって水中へ入るアタリは、魚がしっかりエサをくわえ込んだ理想的なアタリといえる

目印にチョンと出るアタリは、魚がエサを離している場合が多い。流す筋がズレていたり、流す層が違っていることが考えられる

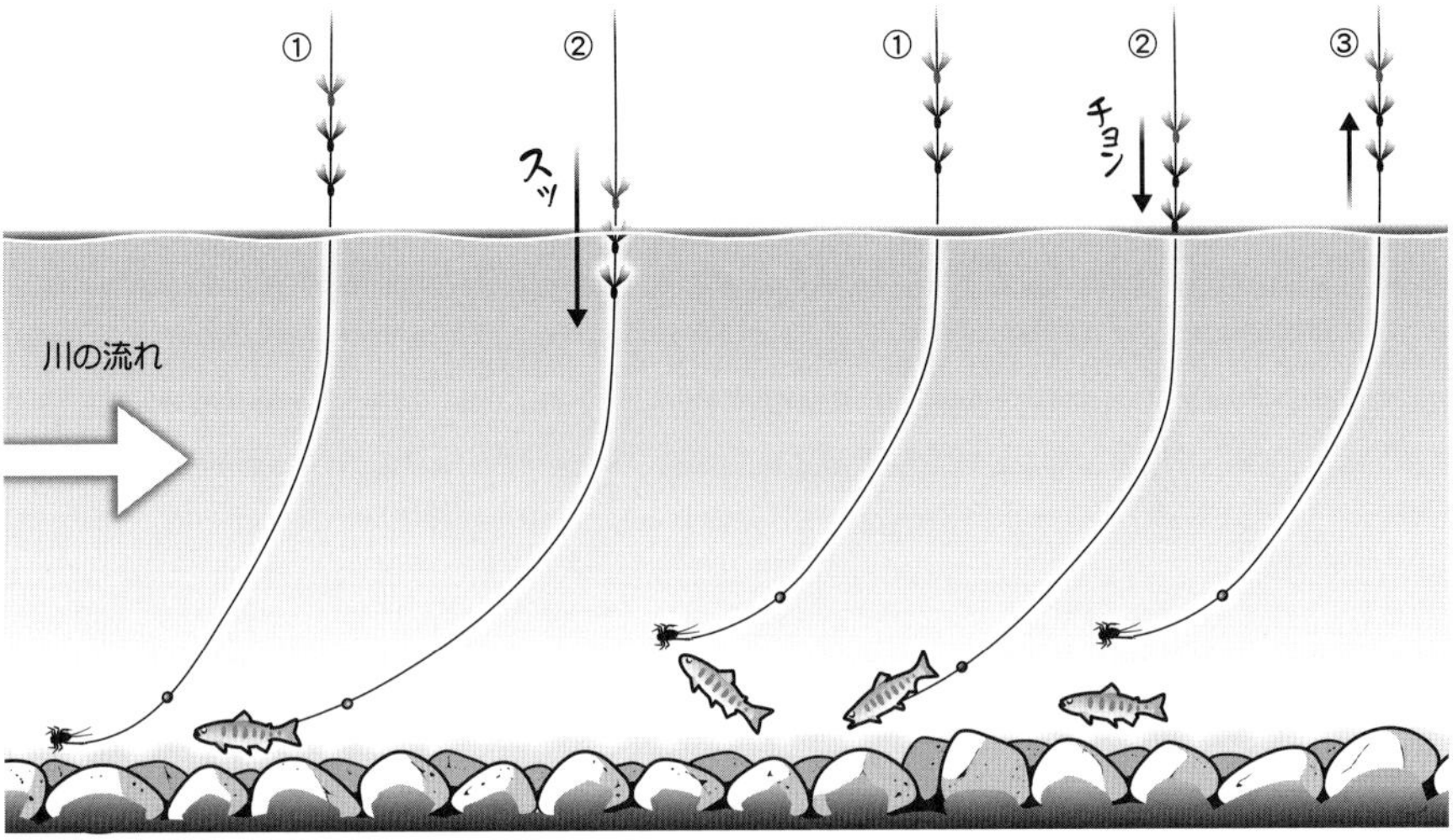

何度もチョンチョンと目印が変化しながら仕掛けが流れていくアタリは、すでにハリ掛かりした魚が、ハリを外そうとしながら水中でもがいている場合が多い

アワセは素早く、やさしく、サオをスッと持ち上げる感じ。腕だけでサオを大きく強く動かすと、そのぶん水中でのハリの移動距離が大きくなり、バラシやイト切れのもとになる

渓魚が瀬に出て活発にエサを食むような時は少し早めに合わせます。スッと目印が入ったらサッと合わせる感じです。遅いアワセをすると飲まれることが多くなります。

仕掛けを流し終わり、吹き上がりかけた頃に不意にアタリが出ることがあります。このアタリを取ろうとして最後に空アワセをする人がいますが、そんなことをしてはダメです。たいていはバレたり、イト切れしたりします。これを取るには、穂先を上げずにそのままの状態で、上流側へサオを倒して絞ります。そうするとググッと魚がハリに乗ってきます。柔らかめの穂先のサオを使うと、この操作がやりやすくなります。

実際に名手と呼ばれる人たちは、わざとこんなエサの動きを演出して渓魚を引き出す操作を行ないます。高等技術の部類になるので、これは経験を積むしかないでしょう。

取り込み2スタイル
（詳細は次のページで）
「抜き」は、ポイントを荒らさないためにも有効だ。最初は難しい曲芸のように見えるかもしれないが、経験を積めば誰でもできる技だ

抜けない大ものは、確実に寄せてタモに入れる。流れの緩い場所に相手を誘導して取り込もう

まず1尾！基本の動作

取り込み

最後のクライマックス、それは天国と地獄の分かれ道

寄せるか・抜くか

　目印にアタリが出て、上手く合わせることができたとします。あとはいかにして手中に渓魚を収めるかです。取り込みの成否＝至福の時を味わうか地獄を見るか。まさに運命の分かれ目となる重要なポイントです。

　合わせた後はいったん上流側へサオを絞ります。この時の感触で渓魚の大小とパワーを判断します。サオを絞っても動かなかったり、一気に下流や対岸へ走る魚は大きいことが多く、サオのパワーとイトの限界を信じて走りを止めます。そこから先はイトの張り加減を調節しながら上ザオ（サオが上流側を向く状態）でやり取りして、弱ってきたらサオを立てて引き寄せます。まだ暴れるようならもう一度緩めてやり取りします。

　魚を水面まで浮かせた時、口を開けて水面に横たわる状態になったらいよいよフィニッシュ。あらかじめ水中に差し出したタモへと渓魚を引き入れます。渓魚を手元まで寄せてからタモを差し出してはいけません。弱ったと思ってもタモの影で驚かせると突然疾走したり、足元を回ってイトで巻かれたりします。

　タモ入れは、浅い流れの緩やかな場所で行ないます。水深のある場所でタモ入れしようとすると、ミスすることが多いです。

　合わせた瞬間にグルグル抵抗しながらも浮いてきたり、引っ張り上げられるような魚は、そこそこのサイズと判断します。この場合はサオを絞りながら、サオとイトの角度が鋭角（おおむね90度以下）になるようにしてからサオを上へ突き上げる感じで渓魚を水面から出し、手元のタモへと飛ばします。抜くまでの過程で大きいと判断すれば寄せて取り込みます。

　通常0・2号のイトを張っていれば水量や流れの強弱にもよりますが、23㎝くらいまでは抜くことができます。淵などの大場所で何尾か出る可能性がある時、場荒れさせない取り込み方法は、やはり抜きです。確実な抜きをマスターしましょう。

　取り込みの上手・下手は、いかにたくさんの魚を取り込んだかの経験がものをいう世界ですが、サオのパワーとイトの限界を知ることで成功率はグッとアップします。せっかく巡り合えた渓魚、しっかりと手中に収めましょう。

抜き取り込み

掛けた渓魚が水面に浮いたらタモに手をかけ、魚を抜きにかかる

水面から宙に出た魚を目で追いながら腰のタモを抜く

タモは枠の付け根を持って構える。魚をフワリと浮かせてその軌道にタモの面を向ける

タモは動かさず、魚を呼び込むような感じで受け止める

タモを少し引くような感じでフィニッシュ

流れとポイントを見る

渓魚が付くポイントの法則「揉み合わせ」と「ウケ」

渓魚は上流を向いて流れに定位し、流下するエサを捕食します。その場所には次の法則があります。1＝エサが集まり流れてくるところ。2＝体を安定させやすい流れ。3＝外敵から身を守るために体を隠しやすいところ。

そんな条件を満たすポイントはどんなところか考えます。

エサの川虫類はほとんどが流れのままに流下します。従ってエサが集まりやすいところ＝流れが集まる、つまり川の流れの集束部分といえます。これを、流れの揉み合わせと呼びます。

具体的には、石などの障害物に当たった流れが一度分かれて内側に巻き込みながら下流で合わさる部分や、強い流れの際に発生する巻き返し（反転流）が流心の流れと合流する部分などが、代表的な揉み合わせです。

次に渓魚が体を安定させやすい流れですが、ズバリ流れのウケ（受け）、水障部です。川底の流れには、障害物に当たって吹き上がる寸前に流速が落ちて安定する部分があります。

ウケは川底の水通しがよく、川底が常に洗われて青白く見える場合が多いです。これを「川底が明るい」といいます。その場所を「底波が生きている」ともいいます。

最後に渓魚が体を隠しやすいところ。代表的なのは白泡や波目の下、そして水深のある場所です。

今度は川の流れを断面で見ます。落差のある流れを頭の中に描きます。一旦落ち込んだ流れは、そのまま表層を流れ出す場合もあれば、川底へ向かうこともあります。そして川底の障害物に当たってふたたび表層へ吹き上がります。吹き上がった流れは、下流へ流れ去るものと、巻き返して縦方向の反転流となるものもあります。

食い波のメカニズム

長良川の漁師は最初の川底へ向って引き込む流れを「女波」、障害物に当たって表層へ吹き上がる流れを「男波」と呼びました。また、流心のモコモコと盛り上がって流れる流れを男波、際の静かな流れを女波と呼んだりもしました。縦方向の流れにも揉み合わせやウケが存在することがわかりますね。

以上を念頭に渓魚が付く流れを見極めます。渓魚が付き、食う流れを「食い波」と呼びます。そして食い波とは「揉み合わせ、男波、女波の組み合わせ」ということになります

右側の張り出した木の枝下あたりの揉み合わせに向けて仕掛けを流しているところ。奥に見える2つの沈み石の前にはウケがある

瀬における渓魚が付く流れのイメージ

石などの障害物によって二手に分かれた流れが石裏で巻き込むような流れを作る。
その下流には流れの集束部、いわゆる揉み合わせができる
流下するエサが集まりやすい揉み合わせは、渓魚が付く代表的な流れといえる

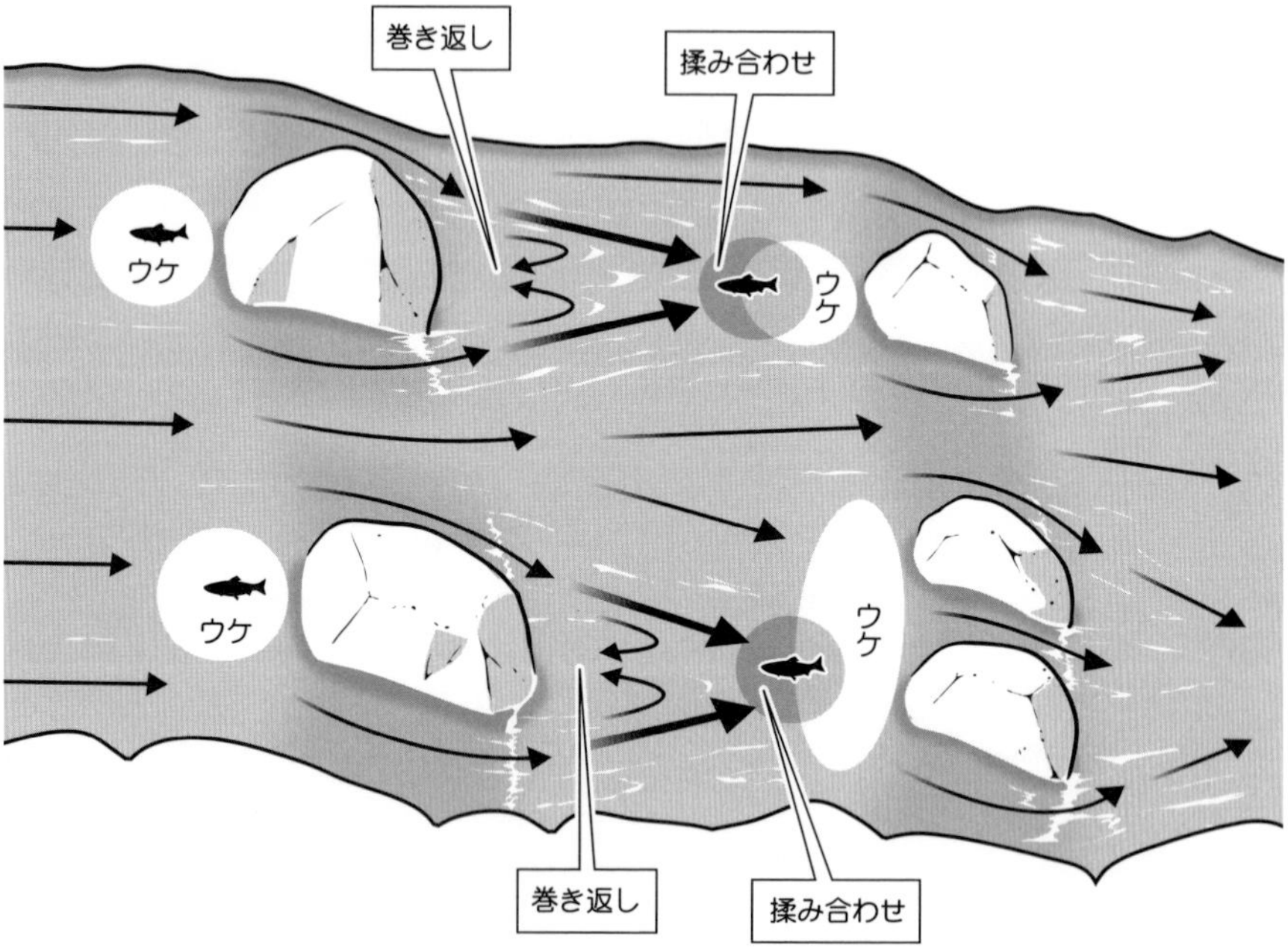

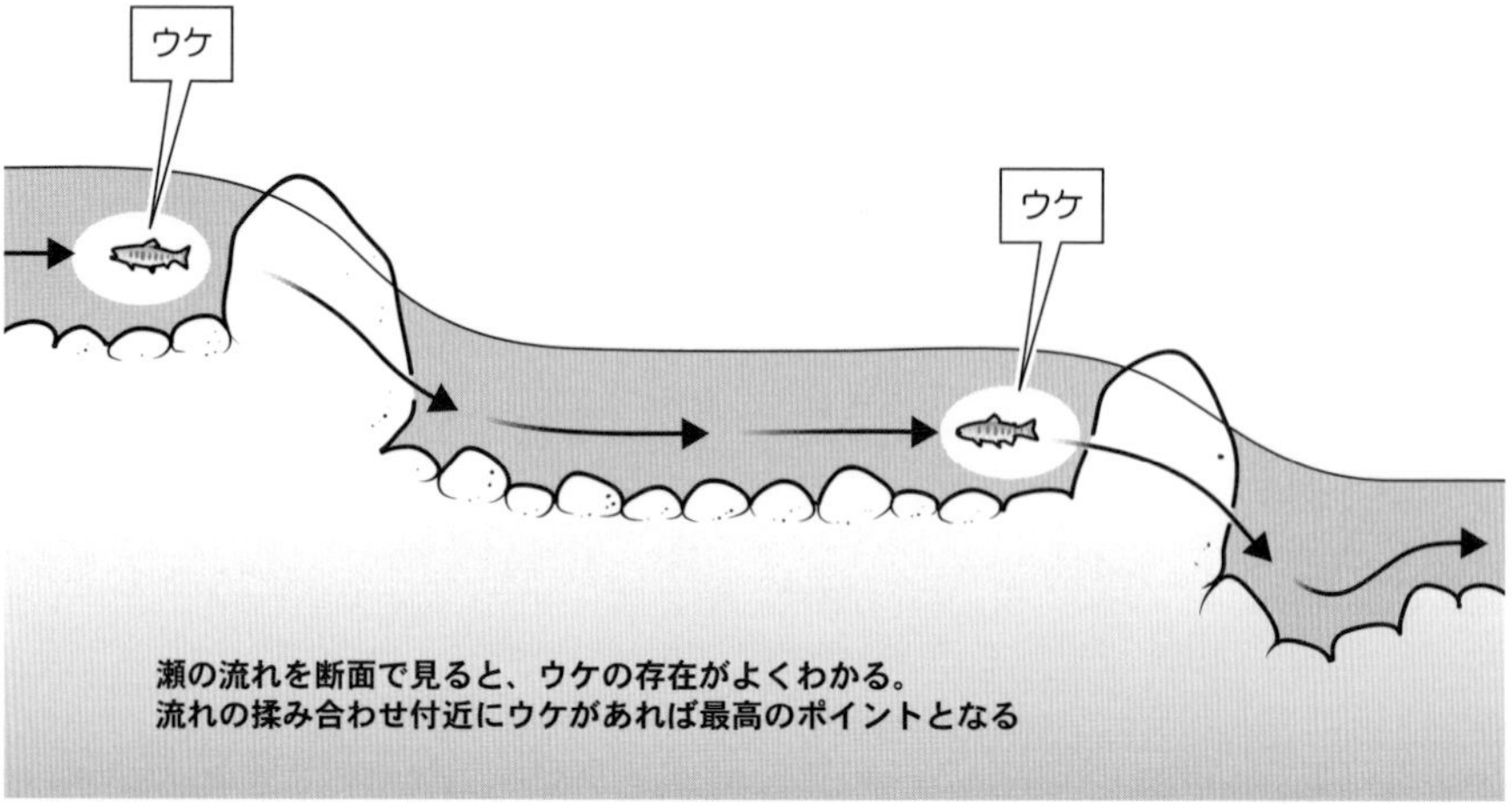

瀬の流れを断面で見ると、ウケの存在がよくわかる。
流れの揉み合わせ付近にウケがあれば最高のポイントとなる

淵における渓魚が付く流れのイメージ

淵では流心の際（きわ）にできる巻き返し（＝反転流）がふたたび流心へと合流する部分に流れの揉み合わせができ、渓魚の付く流れとなる。

また、淵のヒラキ（淵尻）には流れのウケがあるので、渓魚が定位しやすい流れとなる。従って、このような淵におけるポイントは「流心の際」と「ヒラキ」となる

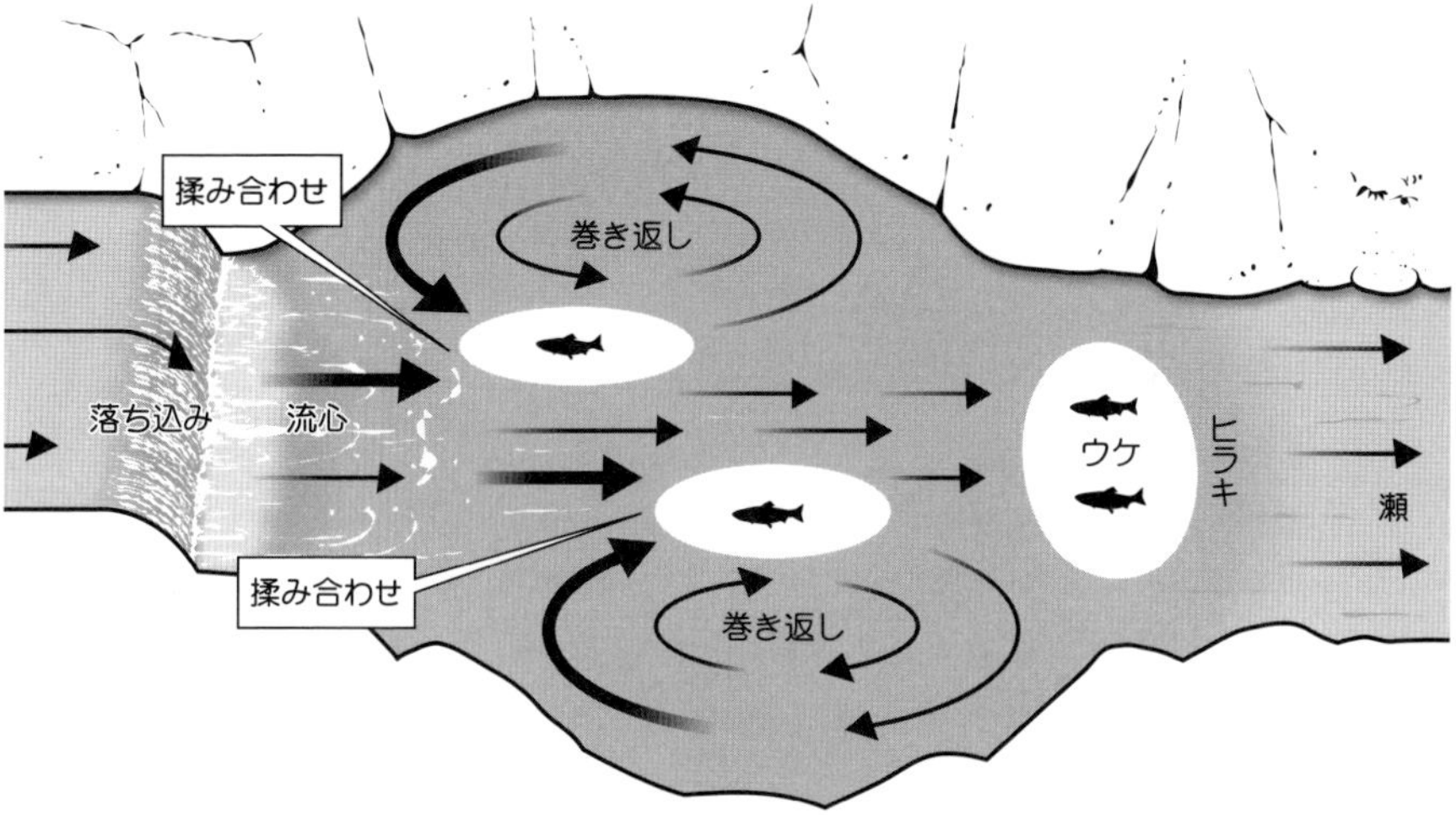

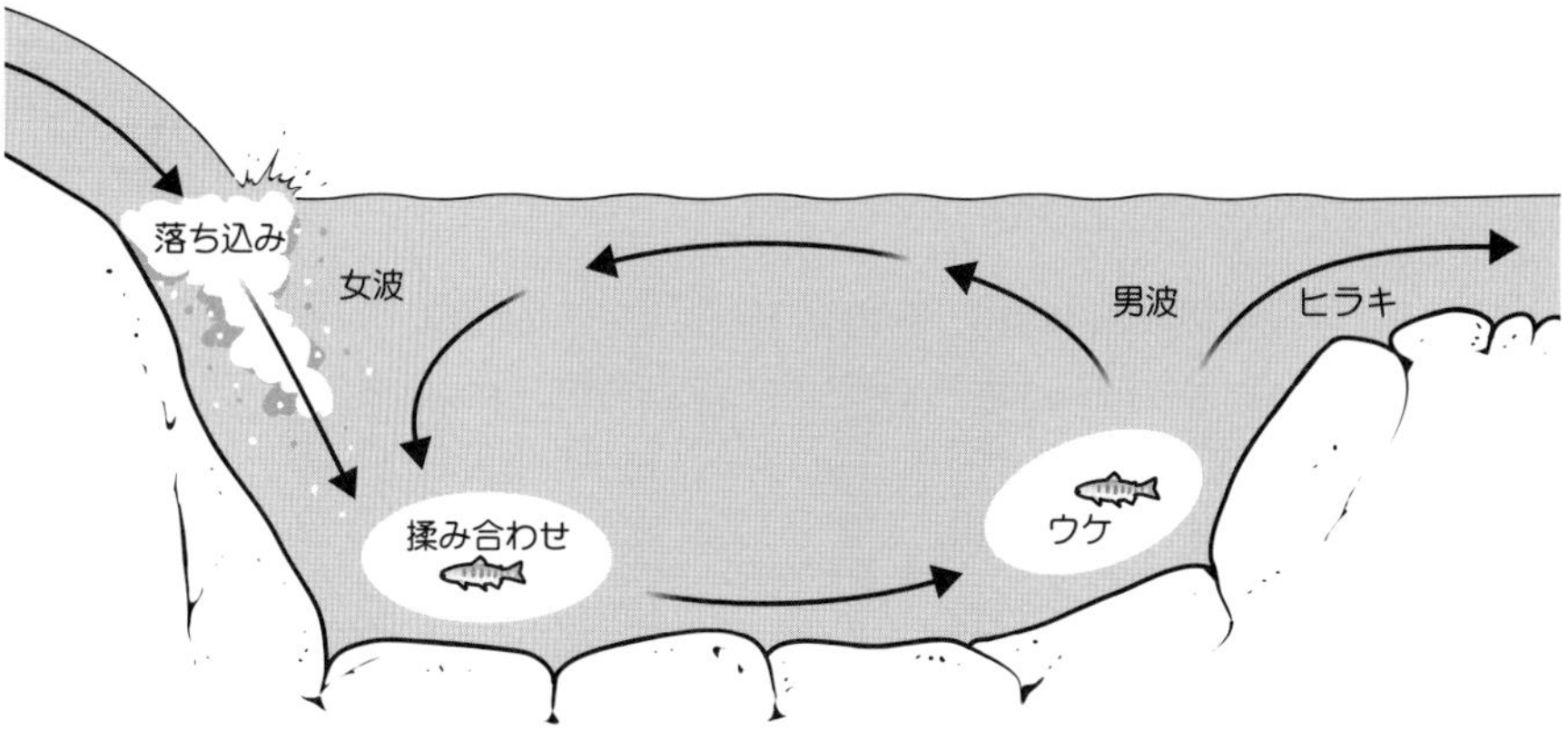

食い波を見つける重要な要素の１つに「男波」と「女波」の原理がある。
渓魚は落ち込みの下流、すなわち女波の下流側にできる縦方向の揉み合わせと、男波の手前のウケに付いていることが多い
実際には女波に仕掛けを投入して底波へ入れて流し、食わせることになる

ポイントの絞り方&流し方

段々瀬

釣りやすいぶん人気も高い。テンポよく小場所も探れば大釣りのチャンスも

初心者によくあるのが、ポイントの好き嫌いが多いことです。瀬は得意だけど淵の流し方がよく分からない……淵の落ち込みには仕掛けを入れるが、瀬は根掛かりするからやらない……。こういう人が多く見られます。しかし、安定した釣果をあげる第一歩は、ポイントの好き嫌いをなくすことです。

ここでは流れの特徴からポイントを分け、それぞれの特徴とポイントの絞り方、ねらい方について考えます。

揉み合わせのすぐ上をねらえ

段々瀬は比較的ねらいやすく、釣りやすいポイントです。そのぶん誰もがサオをだすので、先行者が多い時は今イチとなります。段々瀬は読んで字のごとく段々状に流れ落ちる瀬です。一つ一つの瀬に注目すると、石裏にできる流れの揉み合わせが見つかります。プラス水深があれば、よりよいポイントです。適度に白泡が立っているかどう

ポイントの絞り方と流し方　段々瀬1
（立ち位置▲1～10　移動経路…→　仕掛けの投入点①～⑩＆流す筋→）
⑧
⑨
⑩
10
9
8
7
6
5

かもチェック。これでおおよそどこに渓魚が付いているかを予想できます。

手前の流れから順に奥側へと探り、一通り釣ったらまた元の場所へ戻り、もう一段上流の流れを釣るという具合に各ポイントをねらいます。

仕掛けを振り込む位置は揉み合わせのすぐ上流側です。水深にもよりますが、小さめのオモリを付け、石裏にできた三角の緩流帯の一番下流側に近いところへ仕掛けを振り込むのがベストです。石のすぐ裏へ仕掛けを入れるとなかなか流れ出しません。無理に引っ張り出そうとしても上手く流れなかったり、不自然なエサの動きに渓魚が警戒することがあります。

石裏の緩流帯はイワナのポイントです。ウグイやカワムツなどの外道が生息する川では、これらが先に食うことも多いです。ヤマメやアマゴはやはり流れの揉み合わせがポイントです。

波をかぶった石裏にできる白泡も段々瀬によくあるポイントです。白泡

ポイントの絞り方と流し方　段々瀬2
(立ち位置▲1～6　移動経路…→　仕掛けの投入点①～⑥ & 流す筋→)
1
2
3
4
5
6
①
②
③
④
⑤
⑥

にまぎれて目印が見えにくいですが、こんなところは魚の警戒心が薄く、しっかり食ってきます。白泡より上流、つまり波をかぶった石のさらに上流へ振り込んで流します。

テンポよく小場所も探ろう

段々瀬はポイントの流程が短く、仕掛けが馴染んで流れ出したかと思うとすぐにアタリが出るパターンが増えます。油断せず仕掛けを流しましょう。

渓魚の活性が高い時、増水後の一番ポイントに入川できた時などは、段々瀬を一つずつテンポよくねらう釣りを心がけます。大釣りの可能性大です。

また、中には見逃しがちな流れもあります。仕掛けを入れにくいブッシュ下の流れや、踏みつぶしてしまいそうな岸寄りの小さな流れにもサオをだしてみるようにします。ただし、段々瀬では長居は無用です。数回仕掛けを流して反応がなければ次に移ります。

段々瀬・対岸のブッシュ下を釣る

仕掛けを投入。○がポイント

1 すみやかにサオを立てる

2 アタリが出てアワセ

3 型を判断して抜きにかかる

4 無事にキャッチ

ポイントの絞り方&流し方

荒瀬

波目を捜してオモリをアップ。出れば大型のチャンス!

ドーッと流れる荒瀬、一見して仕掛けが入りそうな流れは見当たりません。たいていの人はサオをださずにパスします。しかし、めったにサオが入らない流れこそ大ものが潜む可能性大です。

渓魚が付く流れの法則を思い出しましょう。揉み合わせとウケ、さらに身を隠す流れに注目します。荒瀬の川底はほぼ見えません。ということは、渓魚は充分身を隠すことができます。

問題は流れの揉み合わせとウケがあるかどうかです。荒瀬の表面を注意深く観察します。すると、同じように見える流れでも微妙に強弱があり、ところによっては波目ともいえる一瞬静かになる流れがあることに気付くはずです。盛り上がって流れる中に細長く見え隠れする波目の下には、おそらく川底の大石などによる起伏があり、揉み合わせやウケが存在している可能性が高いと考えられます。

大きめのオモリで攻略

荒瀬の波目を上手く見つけられたとして、どうやって仕掛けを入れるか？普通に振り込んでも底に入らず、表層を流れることが多いものです。

表層の速い流れを切って底波へと仕掛けを入れるには、ズバリ、オモリを大きくすることです。段々瀬やザラ瀬で2～3号のオモリを使っていたとす

ポイントの絞り方と流し方　荒瀬1
(立ち位置▲1～8・移動経路…→
仕掛けの投入点①～⑧＆流す筋→)
1
2
3
4
5
6
7
8
①
②
③
④
⑤

れば、1号にサイズアップします。たいていはスッと仕掛けが入ります。それでもダメならBを使います。

大きめのオモリを使う時に気をつけなければならないのは、仕掛けが入った後です。緩めすぎるとすぐ根掛かりするので、張り気味に操作します。また、仕掛けが入るとすぐアタリが出るパターンが多く、根掛かりと勘違いするようなアタリの出方をします。

荒瀬で出る渓魚は大型が多く、食わせてから取り込みまでを充分シミュレーションしてから仕掛けを振り込みます。掛けた瞬間に下流へ走らなければならないこともあるので、足場はあらかじめしっかり確認しておきます。

荒瀬を釣りこなすには「波目を捜し、オモリをサイズアップする」ことです。

また、たとえ荒瀬の芯に仕掛けを入れることができなくても、流れの岸近くには緩やかな部分があります。必ず仕掛けを入れてみましょう。

2
1
3
③
②
①
⑦
7
4
⑥
5
⑤
④
6

ポイントの絞り方と流し方　荒瀬2
(立ち位置▲１～９　移動経路…➡　仕掛けの投入点①～⑨＆流す筋➡)
⑨
⑧
8
9

ポイントの絞り方＆流し方

ザラ瀬

浅い流れの中に深みを捜せ

静かに一流しでねらう

段々瀬の落差を小さくしたような流れを、ザラ瀬といいます。渓流域では比較的少ない渓相ですが、渇水時には段々瀬や荒瀬がザラ瀬と化していることも多くあります。

揉み合わせやウケが多く存在する流れが渇水すると、絞り所の少ない単調な流れとなってしまいます。しかしそんな流れにも渓魚はいます。パスする前にもう一度よく見つめ直してみましょう。

ザラ瀬で注目すべきは水深です。周りより少しでも掘れた流れや波立ちがあれば好ポイントと考えます。そこには必ずウケが存在し、渓魚が身を潜める格好の場所です。さらに川底が明るく見えたら渓魚が付いている可能性が大です。

ザラ瀬は全体に浅い流れの場合が多いので、渓魚に気づかれないように、なるべく遠くから仕掛けを振り込みます。そして、流れの筋に沿って自然に仕掛けを流す努力をします。深みや波立ちが同じ流れの筋にいくつかあるようなら、一流しでねらえるような流し方をしましょう。そのほうが渓魚は流れてくるエサに違和感を覚えないはずです。もちろん、手前の筋から順に対岸へと釣っていくようにします。ザラ瀬は水深が浅い流れだけに、釣り下ったほうが渓魚に気付かれにくい場合もあります。その場合、立ち位置には特に注意しましょう。

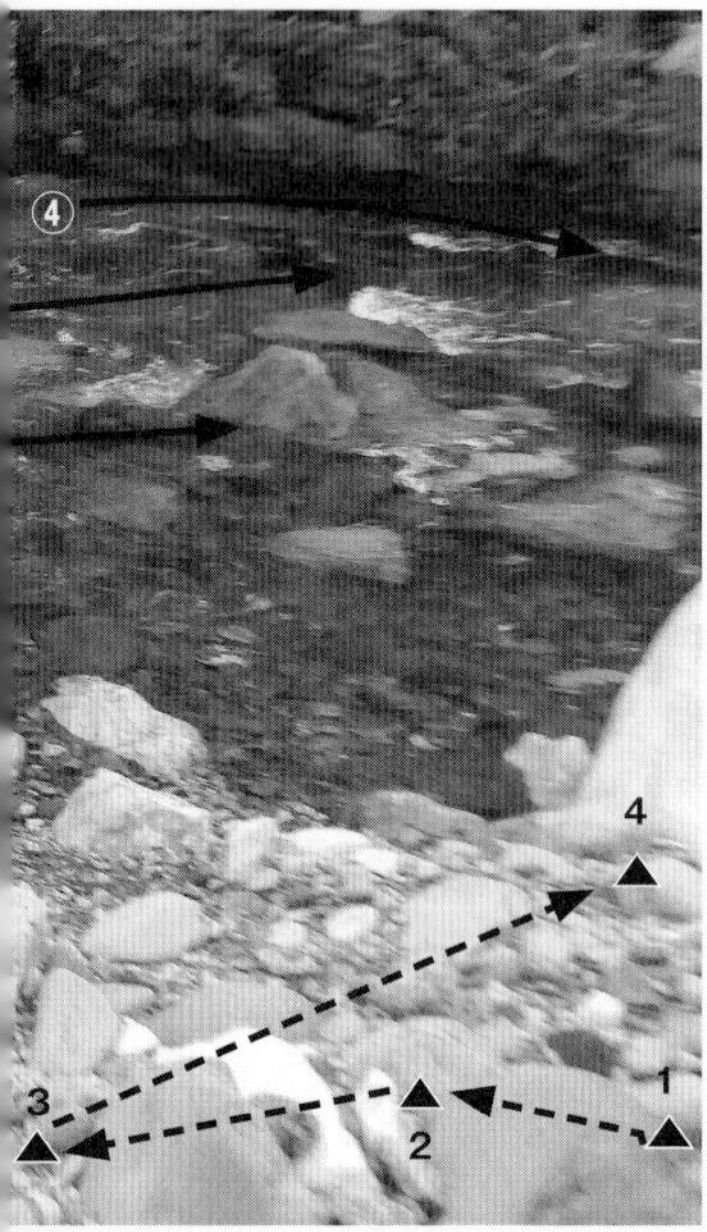

③
②
①
ポイントの絞り方と流し方　ザラ瀬1
(立ち位置▲1～4　移動経路…→　仕掛けの投入点①～④ & 流す筋→)

⑤
④
4
5
3
2
1
ポイントの絞り方と流し方　ザラ瀬2
(立ち位置▲1～5　移動経路…→
仕掛けの投入点①～⑤ & 流す筋→)

ポイントの絞り方&流し方

トロ

水面につかみどころのない流れは、川底の変化に注目

カンタンそうで意外に難関

淵ほどの水深はないがザラ瀬よりは深く、瀬と呼ぶには流れが弱い。そして水面の波立ちが少ない、そんな流れをトロといいます。一見つかみどころのない流れですが、トロでポイントを絞るコツは川底の変化です。

たとえば川底に大石があれば、そのウケや石の両サイド、さらには石の少し下流の水中にできるはずの揉み合わせなどに渓魚が付いていると考えられます。もう1つ、やはりその中でも川底が掘れているところで、砂利底で明るく見えればそこに渓魚が付いている確率はグッと高くなります。

アプローチには充分に神経を使い、できるだけポイントから離れて立つように心がけます。トロは水面が穏やかで、時として鏡状です。さらに水深も浅めの場合、魚に当然気付かれやすいからです。

ポイントの絞り方と流し方　トロ
（立ち位置▲1～6　移動経路…→
仕掛けの投入点①～⑥＆流す筋→）
5
6
⑤
1
2
3
4

瀬よりも水の流れは遅く、淵よりも水深が浅いことを考えるとオモリは小さめに設定します。流れに乗せてフカセて流すイメージで釣ります。もっとも、エサが川底に入ることは最低条件です。大きなオモリでドボンと沈めてはダメです。仕掛けが流れを横切ったり、根掛かりしてしまい釣りになりません。

トロは簡単そうで難しい流れです。たいていの釣り人はサオをだしますが、なかなか釣果に結びつけることができません。静かにじっくり釣りたいポイントです。ザラ瀬と同じように釣り下ったほうが効果的な場合もあります。

また、渓魚が川面を流れる虫をねらってライズ（捕食）することがあります。トロは波立ちが少なく、こういったライズがよく目に付きます。極小オモリで表層近くを流してみてもまれにしか食いません。数回流して反応がなかったらあきらめましょう。こんな魚はフライの釣り人に任せましょう。

ポイントの絞り方&流し方

淵

渓流きっての豊富な魚影とポイント数。ねらうは流心の際とウケ

淵の構造を理解しよう

淵は魚影とポイントの多さ、ともにピカイチです。一方で淵を攻略できている人は案外多くはありません。なぜなら淵は大きなポイントであり、渓魚の付き場所が絞りにくいからです。そこで淵をいかに効率よく釣るかについて考えてみましょう。

淵の構造を見ます。落ち込みから白泡を立てて流れ込んだ水は、淵の真ん中あるいはどちらかの岸寄りに流心を形成しながら淵尻へと流れます。流速は徐々に遅くなり、淵尻ではトロッとした流れになるのが一般的です。

流心の際には波の静かな部分がありますが、よく見ると巻き返しが生じ、ふたたび流心の流れに合流する揉み合わせとなっています。

水深は落ち込み付近から淵の中ほどまでの流心近くが通常最も深く、淵尻へ向けて徐々にカケアガリとなって浅くなっていきます。流程の長い淵では、途中に岩盤や大石が沈んでいればその周りに流れの変化が生まれます。

大きなポイントを分割する

こうした淵をどのようにねらうか？まず淵全体を約3つに分けます。1つめは落ち込み付近、2つめが淵の真ん中付近、3つめが淵尻です。

落ち込み付近は白泡を立てて水が流れ込みます。その流心の際に仕掛けを振り込みます。そこには女波があり、仕掛けは吸い込まれるように川底

ポイントの絞り方と流し方　淵1
(立ち位置▲1～7　移動経路…→　仕掛けの投入点①～⑦＆流す筋→)
1
2
3
4
5
6
7
①
②

へ入っていくはずです。その先は流心の流れと反転流の揉み合わせ=流れの集束部で、渓魚が付いている可能性大です。

次にオモリを大きくして流心の白泡へ仕掛けを投入します。白泡の下は大ものが潜んでいる可能性があります。白泡が切れる辺りまでしっかり底波をとらえて流すように心がけましょう。落ち込み直下近くに仕掛けを振り込むと、上手く川底へ入っていきます。

淵の真ん中付近は川底の変化に注目です。水深があって川底が見えない場合は水面を見ます。モコッと盛り上がるような流れがあれば、それは男波です。その下には流れのウケが存在するので、渓魚が付いていると考えられます。少し上流へ仕掛けを振り込んでウケまで流してやります。

最後は淵尻です。ここは水深が徐々に浅くなるウケが多く、数を稼ぐメイン・ポイントです。特に川底が小石や砂利で明るく見えたらチャンスです。

魚が見えなくても1尾釣れれば何尾か続くことが多いので、最初の1尾を引っ張り出すまではじっくり粘ります。

淵尻は水面が鏡状の場合が多く、魚に気づかれないように岸から離れるか、上流に立って仕掛けを送り込む感じで釣りたいところです。淵尻が終わり、次の瀬へ入る直前でグッと目印が入るようなアタリが出ます。魚を掛けたら暴れさせないように抜きます。何尾か同じポイントで釣れるのが淵尻の特徴なので、くまなく探るようにします。

こうしてみると、淵における渓魚の付き場はズバリ「流心の際」と「ウケ」ということになります。

一通り淵を釣ってみて、魚が出ると思ったところで反応がない場合は、もう一度同じように探るくらいの粘りが功を奏します。淵は粘るが勝ちです。

状況によってねらう順序を変えたほうがよい場合もあります。特に下流から淵に近づいた時は淵のヒラキから、次に中ほど、そして淵頭へと釣っていかないと、ポイントを潰してしまいます。淵ではじっくりと川を眺めて効果的なねらい方を見つけましょう。

ポイントの絞り方と流し方　淵2
(立ち位置▲ 1～8　移動経路…→
仕掛けの投入点①～⑧ & 流す筋→)
1
2
3
4
5
6
①
②
③
④
⑤
⑥
⑦
⑧

イワナの付くポイントと釣り方

岩陰・遅い流れをねらえ

同じ渓魚でもイワナはヤマメやアマゴに
比べて居場所がやや異なる

ここまでは渓魚の付くポイントの絞り方とねらい方について、ヤマメやアマゴを中心に見てきました。

最後に、イワナのポイントについても述べておきます。イワナのポイントをひと言でいえば、水深があって薄暗い、魚の隠れ場がありそうなところがポイントとなります。イワナを漢字で書くと「岩魚」、岩陰に付く魚です。そしてイワナはヤマメやアマゴと比べて遅い流れに付いています。

そんな条件が揃うところといえば、ズバリ水深のある淵の落ち込みの際などは最高のポイントといえます。特にイワナのみが生息する源流域では、滝壺のようなポイントの落ち込み付近にねらいを定めます。

もちろん瀬にもイワナは付いていますが、瀬では石裏のタルミや巻き返しの中がポイントとなることが多く、その場合ヤマメのポイントのすぐ上流側ということになります。

また、先に薄暗いと書いたように、水深があまりなくても何かの陰になるような場所や水底が暗いところ、あるいは岩盤のエゴ（掘れている箇所）などのイワナが身を寄せられるところがあればそこはポイントになり得ます。

イワナをねらう時は、仕掛けをしっかりと川底へ沈めて流します。時には仕掛けを止めて待つのも効果があります。そのためにはヤマメやアマゴを釣る場合よりもオモリは大きめにします。アタリが出た時にはすでにエサをくわえ込んでいることが多いものです。

イワナを釣るのも、基本的にはヤマメやアマゴを釣るのと大きな違いはありません。ただし、生息場所が少し異なるということを頭に入れておきましょう。

典型的なイワナの渓相例

現場に必須、予習&復習6カ条

昨日よりも今日、今日より明日の渓流釣りのために

その1 マメに仕掛けのチェックを行なっているか

ようやく掛かった渓魚をイト切れやハリが外れてバラした！　その原因は、仕掛けのチェックを怠ったことによるものが多いのです。イトのザラツキやハリ先の鈍りのチェックを常に怠らないように。

おかしいと思った時は水中イトを張り替えることも必要です。この時、仕掛けの太さを見直すことも忘れずに。アタリが出ない、アタリはあるがハリ掛かりしないケースでは、魚がスレている可能性があります。その場合はイトを細くして、同時にハリのサイズも落とし、エサも小さめにします。きっとアタリが出るようになります。

逆にイト切れが多発する場合は、仕掛けを太くします。そしてアタリが遠のけばまた細くしてやるのです。

こうして仕掛けを常に見直すことが、本当の意味での仕掛けのチェックといえるのです。そのために水中イトは何種類かの太さの仕掛けを携帯するようにしましょう。アタリが遠のいたら要チェックです。

その2 エサに問題はないか

エサは、その時期その川に一番多くいる川虫を使用するのがベターです。しかし増水や時間の都合で採取できないこともあります。そんな時はやむを得ず他のエサを使うことになります。

それでどうしても食ってこない時は、もう一度川虫を採る努力をします。釣れないエサで粘るより、少々時間を割いてでも確実なエサでねらうほうが可能性はあります。そのためには、どんな状況の時でもその川のどこかで、あるいは近辺の他の川で採取できる場所をつかんでおくことが重要です。

何種類かエサを持参しているなら、実績や先入観にとらわれずにいろいろ試しましょう。川虫が最良のエサといいましたが、いつもそうとはかぎりません。渓魚はグルメですが、嗜好が変わることもあるからです。

エサの鮮度にも常に気を使います。足が取れた川虫を流しても渓魚は振り向いてくれません。イクラの中身が抜けて白っぽくなったのもダメです。変かなと思ったらエサはすぐに新しいものに取り替えましょう。

また、鮮度保持にも注意します。特に夏場の川虫はすぐに死んでしまいま

目の前の流れだけではなく、仕掛けにもすみずみまで気を配ろう

エサは常に鮮度維持に努め、正しい刺し方と、足が取れていないかを細かくチェックする

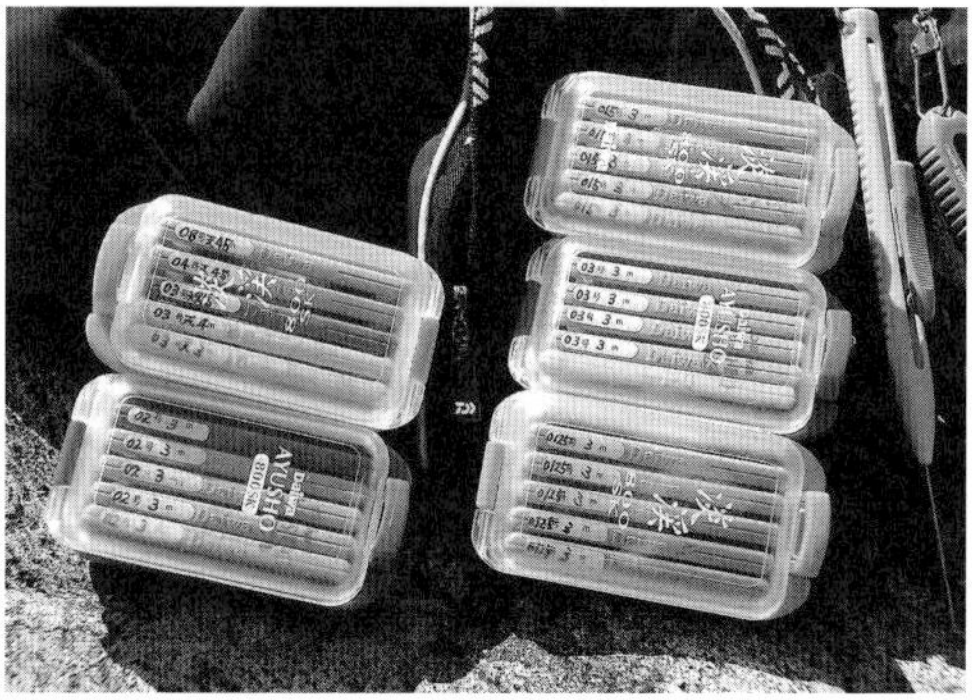

予備の仕掛けは単なる控えではない。太さの異なる水中イトの仕掛けを常備しておくことで、さまざまな状況に対応できる

す。クールベイトのように保冷機能のあるエサ入れに、小さな保冷剤を入れて持ち歩くとよいでしょう。クロカワは生きた状態で川虫ストッカーに入れ、友舟に入れて持ち歩き、少しずつ小出しで使うように心がけます。

エサの選択と鮮度の保持がしっかりできているかどうか。これが2番目のチェックポイントです。

その3 オモリはマメに交換しているか

速い流れや水深のある流れは大きめのオモリで、緩い流れや浅い流れは小さめのオモリでと、使い分けの重要性は先に書いたとおりです。ところが、実際に釣りを始めるとオモリ交換がわずらわしく、ついオモリを替えずにいろいろなポイントを釣ってしまう人をよく目にします。それでも渓魚の反応はありますが、しっかりと食い込ませてよいアタリを出し、確実にハリ掛かりさせるためには、流れに適したオモ

ガン玉外しの使い方

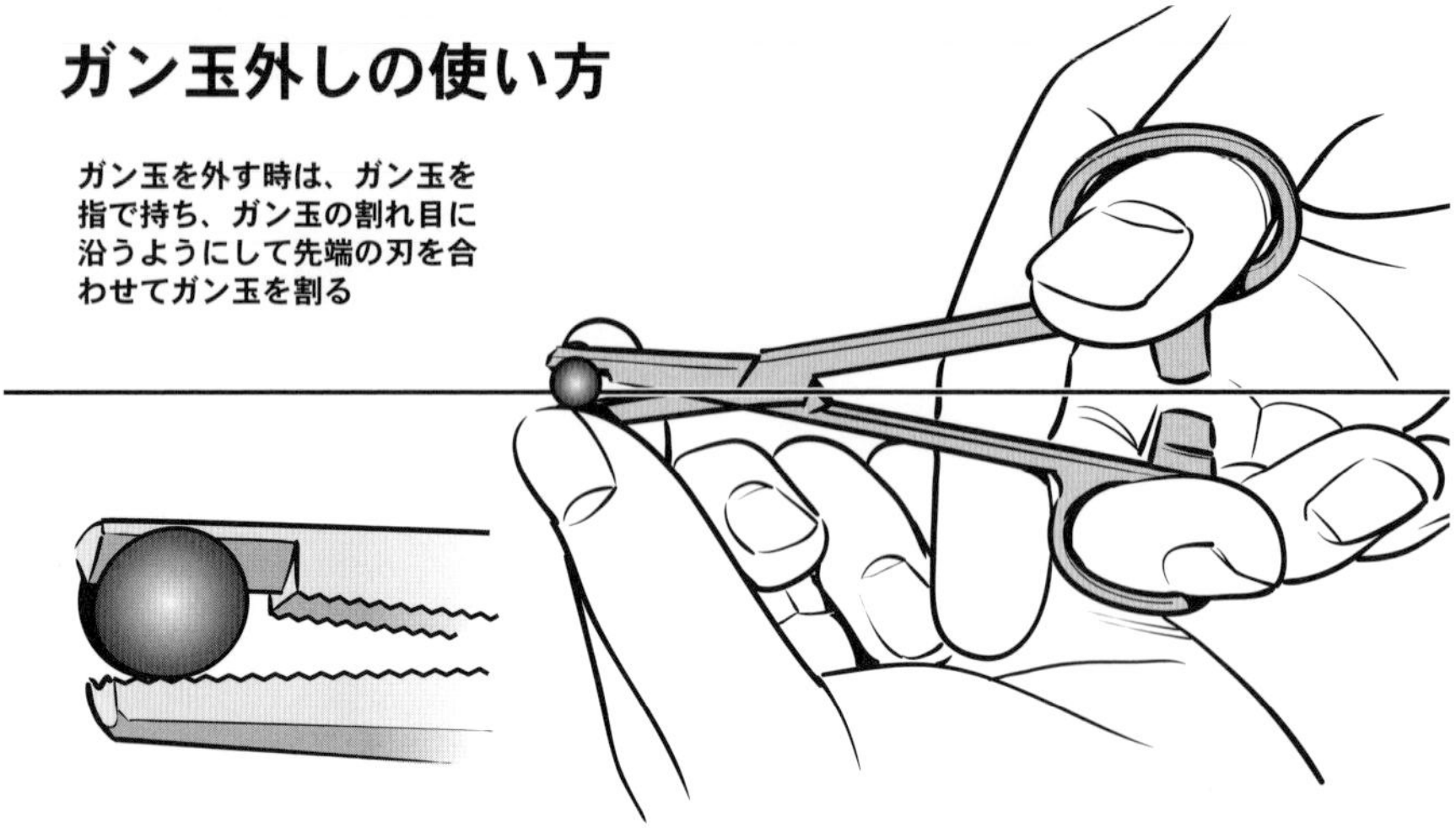
ガン玉を外す時は、ガン玉を
指で持ち、ガン玉の割れ目に
沿うようにして先端の刃を合
わせてガン玉を割る

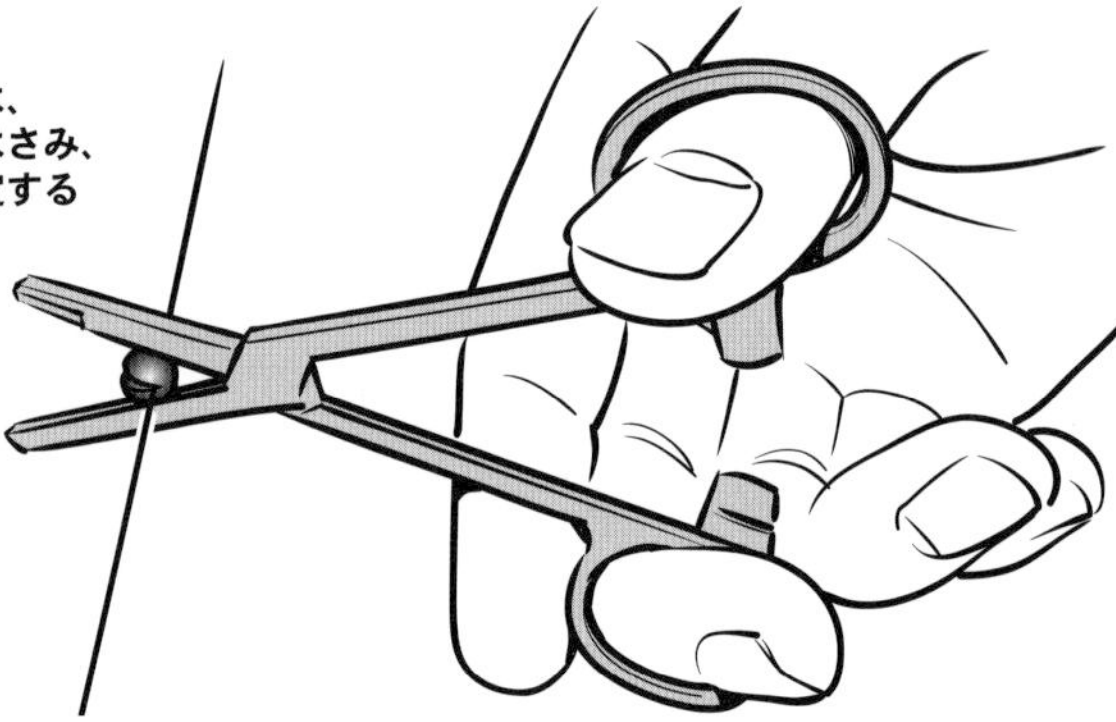
ガン玉を取り付ける時は、
平らな部分でガン玉をはさみ、
イトをはさみ込んで固定する

リの選択が最も重要です。

渓流釣りは仕掛けを底波に流してやることが基本ですが、淵のような水深のあるポイントでは、渓魚が定位しているのは宙層であったり、表層近くにいることもあります。そんな時、たとえば1号のオモリで川底近くを流せたとするなら、オモリを2号に落としてみます。あるいはさらに小さく3号を付けることで、仕掛けの流れる層が宙層から表層へと変化するのです。

逆に、軽い小さなオモリから順に大きなオモリにしていく方法が有効な場合もあります。オモリを替えた途端にアタリが出始めることがあります。

もう1つ、悩まされる要素が風です。軽い仕掛けを使用する渓流釣りでは、強風が仕掛けを浮き上がらせて思うように流せないことがあります。そんな風対策の1つがオモリを大きくすることです。強風時は風上へ穂先を倒して仕掛けを押さえつけるイメージで流しますが、これをやりやすくするために

瀬のアプローチ例
まず手前を釣ってから（写真上）、立ち込んで奥の流れを探る（写真下）

オモリを1～2ランク大きくします。効果てきめんですから、ぜひやってみてください。また、オモリを交換する時はオモリとハリの間隔を変えることも忘れないようにしましょう。

私が長年渓流釣りをやってきて一番必要性を感じ、実行してきたのが、このきめ細かいオモリの選択、いい換えれば「オモリ・ワーク」です。億劫がらずにマメにオモリを交換するクセを身につけましょう。

その4 アプローチとポイント取りは間違っていないか

渓魚は物影に驚きやすい魚です。渓流釣りではよく、太陽を背にすると釣り人の影が水面に映り込み、渓魚が逃げてしまうといわれます。間違いではありませんが、逆光で目印が見えないようでは釣りにならないので立ち位置を決める時には注意します。少し斜めに太陽に向かうとか、太陽を背にした時はしゃがみ込んでサオを振るなど、状況に応じて臨機応変に対処します。

サオを持っていよいよ釣り開始となると、いかにも渓魚が潜んでいそうな流れに目がいきます。が、ちょっと待ってください！　もう一度じっくりと川を見る習慣を身につけましょう。落ち着いて川面を見渡すと、最初に目に飛び込んだ流れほどではなくても、渓魚が付いていそうなポイントがいくつか見えてきます。その中のできるだけ手前のポイントから仕掛けを入れていくようにしなければなりません。

渓流を上流へ遡行しながら釣り上がっているとします。と、上流にいかにもよさそうな淵が見えてきました。しかし淵尻付近の岸は切り立った岩盤が行く手を阻んでいます。岩盤の裏を少し高巻けば淵頭の河原までいけるのですが、ついつい面倒になって水の中を歩き、淵尻に踏み込んでしまいました。上流へ向かってサオを振っても渓魚の反応はない……。

こんな間違ったアプローチのせいで、何尾か出そうな淵で1尾も釣れなかったということが、ベテランといわれる釣り人にもよくあります。アプローチの失敗は、その後の振り込みから流しまで、釣り人の腕が発揮できる場面を台なしにしてしまいます。

くどいようですが、次に向かうポイントをよく観察して、どのようなアプローチ、順番で仕掛けを入れていくかを頭の中に描きながら釣らないと釣果は稼げません。段々瀬のねらい方は、荒瀬は、淵は……常に頭の中に描きながらサオを振るよう心がけましょう。

その5
漫然と釣っていないか

渓魚との出会いはまさに一瞬の出来事。よくも悪くも一瞬の出会いが一瞬の間に完結するのが渓流釣りです。

早朝のすがすがしい空気を吸いながら渓流に降り立ち、仕掛けをセット。慎重にポイントにアプローチしてエサを付けて第1投、アタリがない。次のポイントは？　アレ？　そんなことを繰り返し川を遡行しているうち、いつの間にやら気持ちだけが空回りしていきます。ポイントらしき流れへ仕掛けを振り込んだと思ったらすぐ次へ……の繰り返しに。たまにアタリがあってもアワセ損なってしまいます。

これほど極端な例はともかく、アタリが遠い時ほどどうしても惰性で釣りをしてしまいがちです。ポイントへのアプローチもしかり。慎重さを欠き、せっかくのよいポイントを潰していま

渓流釣りは「動の釣り」。そして仕掛けを振り込んだら目印に全神経を集中させる

せんか？　ポイントの見極めと、どうねらうかのシミュレーション、そして仕掛けの振り込みから流し、合わせて取り込むまで、1つでも気を抜いて行なうと渓魚を手にする確率がグッと下がってしまうのが渓流釣りです。

渓流釣りは「動の釣り」です。サオを持ったら渓魚に向かっていく心構えを持つことが大切です。少なくとも、仕掛けを振り込んでからは目印に全神経を集中させるクセをつけましょう。

もしも疲れを感じた時には迷わず小休止です。サオを置き、冷たい水を口に含んでみましょう。きっと気持ちがリセットできます。そして新たな気分でサオを振れば集中力を取り戻すことができるはずです。

その6　前回釣行の反省を生かしているか

明日は楽しい釣行日、目的の渓流情報も入手済み。あそこから入川して、あのポイントはこうやって釣り、その後はこう釣り上がって……。遠足前夜の子供の気持ちとダブるひとときがそこにはあります。

翌日は朝早くから日暮れまで渓流を遡行し、1日の釣りを終え、心地よい疲労感に包まれて帰路につく。家に帰ればお風呂に入ってバタン・キューという人がほとんどだと思います。

しかし1日の釣りを終えた時、すべてに満足という日はまずないものです。そこそこ釣果はあったが取り込みの大事な場面でミスをして大ものを取り逃がしたとか、もっと出るはずのポイントで渓魚の反応がなかった、釣れない時間帯が長かったなど、丸一日釣りをすれば楽しかったことも悔しかったことも一杯あるものです。これは名手と呼ばれる釣り人とて同じです。

しかし、そこで終わってしまっては進歩は望めません。あそこのポイントではなぜ釣れなかったのか、大ものを逃した理由は？　帰宅したらその原因究明に努めることが重要です。

先行者の有無・水位・アプローチの方法やポイント取り・流し方・取り込み・エサは合っていたか。考え得る限りの場面を想定して原因を究明することが今日一日の復習となります。

もちろん基礎知識があっての復習ですから、分からない場面にぶつかった時はもう一度本書に目を通してください。何かが見つかるはずです。

できることなら釣行日誌を書くとよいでしょう。書き留めた事柄がデータとして蓄積し、次回釣行だけではなく来年、再来年の釣行にも活かせます。これによって同じ失敗を繰り返すことが少なくなり、徐々に釣りが上達していきます。

予習と復習の重要性は、子供の頃に小学校の先生から口酸っぱくいわれたものです。私は学校の勉強では予習も復習もしませんでしたが、渓流釣りの世界へ足を踏み入れて、ようやくその重要性が分かってきました。

予習と復習は本当に大切です！

渓流釣りのルールとエチケット

皆が楽しむために、一人一人が守り、気遣うべきこと

渓流釣りには遊漁証が必要です

渓流釣りには最低限守らなければならないルールがあります。

渓流という釣り場は通常、7章のはじめで解説している漁業協同組合（略して「漁協」という）によって管理されています。そして一般の人が釣りをする際には、まず遊漁料を支払わなければなりません。

遊漁料を支払うと遊漁証（「遊漁券」ともいう）が交付されます。この遊漁証を携帯することで、釣りができるというシステムになっているのです。遊漁料の支払いは漁協の事務所のほか、釣具店やコンビニなど、漁協が定めた取扱所で簡単に手続きができます。

遊漁証は、年間遊漁証（「年券」ともいう）と日釣遊漁証（「日券」「日釣り券」ともいう）の両方が設定されている場合が多いです。何度も足を運ぶ河川なら迷わず年券を購入しましょう。毎回購入する手間が省けるし、釣行回数が増すほど割安です。

漁協によっては高齢者や身障者、女性などの釣り人に対して遊漁料の減免措置を設けているところもあり、一般の遊漁料の半額～2／3程度の料金設定になっている場合があります。

遊漁証の事前購入を忘れた時は、現場で漁協の監視員から購入することも可能です。ただしこの場合は現場加算料がつくことが多く、割高になります。遊漁証を携行していることが原則ですから、必ず入川前に遊漁証を求めるようにしましょう。

資源保護のためのルール

そのほか渓流釣りには、渓魚の体長制限や尾数制限、禁止区域、禁止期間など、いろいろな制限が設けられています。その多くは渓流魚の資源保護が目的です。もちろん漁協では稚魚放流などの増殖を行なっていますが、これらの制限は、渓流という狭い水域において渓魚を増やすために最低限必要な事柄と理解しましょう。

体長制限については小さな魚を持ち帰らないようにして大きく育ってから釣ろうという趣旨で、定められた体長（または全長）以下の魚が釣れた時には再放流が義務付けられています。

尾数制限は一部の河川にみられます。定められた尾数を超えて持ち帰ってはいけないというものです。

禁止区域は禁漁区ともいわれ、釣り

年間遊漁証（年券、上）と、日釣り遊魚証（日釣り券、下）。渓魚釣りでは、釣りを始める前に必ず遊魚証の交付を受け、携帯すること

を含めた一切の漁獲を禁止する区域のことです。禁止区域が設定されているところは渓魚の自然繁殖場、つまり種川として保護されています。

禁止期間は禁漁期間ともいわれ、渓魚の産卵期保護の目的で早いところでは9月、遅くても10月から翌春2月頃までのところが多いと思いますが、都道府県や漁協によって若干前後している場合があるので要確認です。

これらの制限に違反すると、都道府県条例などによって罰せられることがあります。もっとも、河川ごとの決まりをよく理解し、決められたルールを守って釣りを楽しんでいれば何ら問題はありません。最近は多くの漁協がホームページを開設しているので事前に確認しましょう。

スマートなマナーで楽しい釣りを

釣行をより楽しいものにするには、ルールのほかに渓流マンとしてのエチ

漁協による河川美化のお願い看板。本来はこうしたものがなくても川にゴミが落ちていないのが理想的なのだが

ケットも大切です。

休日の釣行ともなれば、最初に入ったポイントがほんの少しだけ一番川といった状況は当たり前で、釣り人同士で場所の奪い合いのような現象も起こりかねません。

たとえば川へ着いた時、すでに先行者があったとします。だからといって、後から入川する者が先行者の頭をハネる（釣り上がろうとしている釣り人のすぐ上に入る）行為や、追い越しは慎みたいものです。渓流ではあくまで先行者優先という心掛けを忘れないようにしましょう。

それでも他の釣り人に出会うことは多々あります。そんな時は気持ちのよい挨拶を忘れないことです。同じ渓流釣りをする者同士、

「こんにちは、釣れますか？」

のひと言で打ち解けて釣り談義が始まることでしょう。どこからどこまで釣ったからこの先はダメだよ、などの情報も得られると思います。出会った釣り人がその川に精通していれば、貴重な情報を教えてくれるかもしれません。渓流で会う人は皆仲間という意識を持って声をかけましょう。

魚が釣れても釣れなくても、気分よく釣りをしたいものです。釣り人同士のエチケットを忘れないようにしましょう。

そして、渓流や地域に対するエチケットも大切にしたいものです。

渓流へ足を踏み入れるには、私有地や農作業用の路を通ることがあります。どうしても民家の近くに駐車しなければならないこともあります。そんな時は近くに人がいればひと声かけるように心がけましょう。たいていは快く応じてもらえるものです。

もちろん私有地や農地でたき火をしたり、用を足したり、ゴミを散らかしたりなんてことは論外です。渓流の周りは、地域の人たちの生活の場であることを忘れないようにしましょう。

最近は少なくなったとはいえ、河原やその近くで目につくのが、釣り用品のパッケージや市販エサの容器、使い古した仕掛けなどのゴミです。悲しいかな、それらの多くは簡単には自然に戻らない素材でできています。

1人の釣り人が捨てるゴミはわずかでも、チリも積もれば何とかといいます。自然にとって大きなダメージとなりかねません。渓流を後にする時は、ゴミはすべて持ち帰ることです。

渓流釣りのエチケット、それは渓流とそこに棲む渓魚への、そして我々釣り人を快く受け入れてくれる地域の人たちへの思いやりの心です。

続・実践編

4章 次の1尾へのヒント

道具を揃え、仕掛けも自作し、何度目かの釣行で渓魚を手にすることができた。
同行者や運に恵まれた場合、初回でそのチャンスが回ってきた人もいるだろう。
こうなると楽しくて次の釣行がもう待ち遠しくなる。
しかし、あなたはまだ渓流釣りという遊びの門を通ったばかり、
ほんの少し状況が変わっただけで立ち往生してしまう。
そんな困った時のために、この章をよく読んでおいてほしい。
そして、釣り場であせらず思い出してみよう。必ず突破口を見出せるはずだ。

釣れるサイン、釣れる要素を見逃さない

自然のメカニズムを知ればおのずと「ねらい時」が見えてくる

雨前の曇天、雨後の引き水

釣りの好条件が揃った日を「釣り日和」などといいます。渓流の釣り日和とは、どんな時をいうのでしょうか?

解禁当初の春先はまだ寒い日が続きます。ようやく水が温み始めても、三寒四温というように数日のサイクルで暖かい日と寒い日が交互に訪れます。

この時期の水温の上下は渓魚の活性に大きな影響を及ぼします。わずかでも水温が上がれば活発に活動する渓魚も、少し水温が下がると全く口を使わないことがあります。

水温の上下には気温と寒風の有無が大きく影響します。春先の風は寒い北風です。朝は無風状態でも太陽が顔を見せると急に強い北風が吹きだし、夕方太陽が沈むと風が止みます。また、晴れの日は強風になりがちですが、曇りの日はあまり風が吹きません。特に雨が降り出しそうな曇天の日は、風もなく、何となく暖かい日和で水温も高くなります。もちろん風がなければサオも振りやすく、よい釣りができます。そういう意味で、春先の雨前の曇り空は絶好の渓流釣り日和といえます。

もう一つは雨後の引き水時で、これは季節にかかわらず好条件です。増水時に魚が動き、引き水になると活発にエサを追うため、大釣りのチャンスとなります。しかも増水時はサオが入らないため、先行者のいない一番川の釣りができます。その後はさらに水が引き、平水に近づくにつれて新たなポイントも出現します。このように増水後の数日間はチャンスが続きます。

世は情報化時代。インターネット等でタイムリーな情報を得られます。余裕を持って釣行日を設定できるなら、河川の水位情報や天気予報をフルに活用して理想の釣行日を選択しましょう。

朝夕のゴールデン・タイム

釣り用語で夜明け直後を朝マヅメ、日暮れ直前を夕マヅメといいます。この時間帯はゴールデン・タイムです。

夜明け前に釣り場へ到着して支度をし、白々と空が明けてきたら川へ降り、夜明け到来。目印が確認できる明るさ

雨後の引き水時には、
こんな釣果になることも

になったら釣り開始です。今朝はまだ誰もサオをだしていない一番川状態であることは間違いなく、眠りから覚めた渓魚がエサを漁る時間帯がしばらく続きます。朝日が川面に射し込む頃まで、渓魚はハリの付いたエサも恐れることなく反応します。一日のスタートダッシュをかけたい時間帯です。

そして日中、一度食いが落ちた渓魚は、太陽が沈んで暗闇が渓流を包むまでの一時にふたたび食いが立ちます。目印が見えにくくなっても不意にエサに飛びついてくることさえあります。

そんな夕マヅメ時は何としてもサオをだしたいものですが、短時間勝負なのでミスは禁物。仕掛けのトラブルはせっかくの時間を無駄にします。マヅメ時が近づいたら仕掛けを新しく張り替え、淵などの大場所や1級ポイントをねらいましょう。昼間は全く反応がなかったポイントでも大ものが出る可能性大です。一日の釣りの総仕上げのつもりで集中して釣りましょう。

さらに釣りを知る

状況に対応する編1

季節の変化とポイントの変化

早春ー水温上昇がカギ

渓流釣りのポイントは、季節とともに変化します。それに合わせて釣り方も少しずつ変えていきます。解禁からしばらくの間、渓魚はまだ冬の眠りから覚めきっていません。釣り人のエサに全く反応しないこともあります。この時期は少しでも暖かい日がねらいめです。

体力が回復していない渓魚は、緩い流れでしか食わないことが多く、水深のある淵、トロ場で比較的流れの緩いところを中心に、じっくり仕掛けを流します。本来の付き場より少し緩やかな流れをイメージしてください。

川底に大石やエグレがあれば、そこは初期の1級ポイントです。モゾッとしたアタリで、魚体にまだサビの残る魚が釣れます。アタリも掛けてからの引きも、盛期のそれとは比べ物になりませんが、ハリに慣れていないこの時期の魚は釣りやすいといえます。

解禁当初でも暖かい日が数日続き雪が雨に変わった時などは、一気に渓魚の活性が上がることがあります。運よくこんな日に当たれば活発にエサを食むので大釣りが期待できます。この時期だからこそ「雨前の曇天、雨後の引き水」の格言はズバリ当たります。

いずれにしても早春は、寝ぼけマナコの渓魚をじっくりと起こすような釣りを心がけます。もちろん基本的なテクニックに変わりはありません。

春ー雪代水に注意

雪が解け始めると少しずつ渓魚の活性が高まります。ひと雨ごとに魚体が洗われサビも取れ、太ってきます。

防寒着が不要になる頃には、ポイントも徐々に強い流れへ移ります。新緑の時期、渓魚は活発に瀬へ出てエサを追いだします。いよいよ本格的なシーズンの到来です。もう川全体がポイントとなるので、基本どおりに流れから渓魚を引き出します。サビの取れた、きれいな魚が釣れるようになります。

一方で5月でも雪代が入る川もあり、日中気温が上がると一気に冷たい水が入って水位が上がります。同時に水温が下がり食いが落ちるため、雪代が入りそうな日は午前中が勝負です。増水は人の安全にも係わります。上流に雪の多い渓流の釣行は要注意です。

それでもやはりこの時期は渓流のベストシーズン、可能な限り足を運びたいものです。

新緑は渓魚の食いが立つ知らせ

解禁当初は、ところによっては一面銀世界の釣りになることも。それでも約半年ぶりの渓魚との出会いは何物にもかえがたい喜びがある

初夏〜梅雨──大ものねらい

新緑が青葉となる頃、渓流に初夏が訪れます。この頃から梅雨にかけて、渓魚はエサを飽食しながら流れを遡上します。地域によってはノボリヤマメとかノボリアマゴとも呼ばれ、型もグンと上がり、強い引きが楽しめます。

ポイントも「こんなところで?」と思うような浅瀬、それも強い流れで食ってきます。もちろん淵でも荒瀬でも食いは立ちます。渓流全体がポイントとなりますが、流心のような流れの強いところをねらうと型が揃います。強い流れでは大きめのオモリを使い、しっかりと仕掛けを流れに馴染ませることに心血を注ぎます。

この頃には釣り人もドッと押し寄せます。小さな川は魚も減り、釣りにくくなります。魚が多い川でもスレて釣りが難しくなったりします。たいていはゴールデン・ウイークを境に、一時的にこのような状況になります。

梅雨を迎えると、度々の雨で渓流は水量の豊富な状況が続き、釣り人を飽きさせることがありません。時には仕掛けを1ランク太くしてでも大ものにねらいを定めたい季節です。

しかしやっかいな虫も登場します。ヒル（ヤマビル）などが出始めるのもこの時期からです。苦手な人は（得意な人もいないと思いますが）注意しましょう。ヒル対策に決定打はありませんが、レインウエアの袖口をしっかり留め、首にタオルを巻き、見える部分だけでも度々目視でチェックするなどして、少しでもヒルの侵入・吸血を防ぎましょう。ヒルの多い川や場所は割合はっきりしています。特に嫌いな人はそこに行かないのが賢明です。

マムシにも気をつけましょう。ガラガラの岩場にはマムシが出ていることが多いです。高巻などで手を石に掛けた途端、ガブリとやられることがあります。川岸の南斜面も要注意です。山奥の渓流で噛まれたら、最悪の場合は命を落とすことにもなりかねません。くれぐれも注意しましょう。

害虫動物に気をつけながらも、型も引きも最高の魚に出会えるこの時期は、本当の意味での渓流釣りの醍醐味を味わえる時期でもあります。

盛夏—涼しい場所はどこだ

渓流釣りのことわざに「夏ヤマメ一里一尾」ということわざがあります。夏場はヤマメを釣るのに一里（約4㎞）遡行しても1尾しか釣れないという意味です。

なぜ夏の渓魚は釣りにくいのでしょう？　考えられるのは渇水と高水温です。梅雨が明けると降雨量が減り、川は渇水状態。渓魚は警戒心をさらに強め、わずかな物音や物陰に驚き、すぐ姿を隠すようになります。

また、夏は渓流もそれなりに高水温となります。魚は水温が10℃上昇すると活性は倍になるといわれます。渓魚も例外ではありません。ところが適水温を超えるとさあ大変、急激に活性が下がり、瀕死状態に陥ることさえあります。本流域などでは高水温で渓魚が酸欠を起こして流される、などという現象が起きることもあるほどです。

渓流域でも水温が20℃近くになると、渓魚は普段の付き場から消えることがあります。多くは酸素が豊富な白泡の下、深い淵の川底、湧水があり水温が低いところなどに潜んでいます。

渇水、高水温の夏はこのようなポイントを重点的にねらい、大きめのオモリでしっかりと底波へエサを送り込みます。一方で、朝・夕マヅメには浅瀬に出てエサを追うこともあります。この場合はオモリのサイズを落としてザラ瀬をねらう時の要領で釣ります。

厳しい環境にある夏の渓魚は百戦錬磨の強敵です。アプローチ、立ち位置には細心の注意を払い、一発で決める気持ちで仕掛けを振り込み流しましょう。真夏の渓流は釣り人と魚の知恵比べの場です。

盛夏の代表的なポイント、白泡の下をねらう

降雨で増水した淵。シーズン盛期の適度な増水は渓魚の活性を高めてくれる。ただし増水中の釣りは、常に安全面に気を配っておく必要がある

初夏のノボリの時期の大アマゴ

秋―来シーズンも考えて

渓流を吹き渡る風に涼しさを感じる頃、渓魚はふたたび活気づきます。「秋口の荒食い」などといわれるように盛んに口を使いだします。

秋は思わぬ大ものに出会える時期でもあります。一方で、釣れる魚には前年秋に生まれた0歳魚も多く含まれます。リリースサイズより少し大きめから、中には20㎝近くまで育ったものもいます。冬場に備えてエサを飽食し、成熟した魚にとっては産卵前の栄養補給なのでしょうか。とにかく気持ちのよい釣りができる時期です。たいていの流れで頻繁にアタリが出ることもあります。

とはいえ秋は産卵を控える魚や、来年もう少し大きくなってから釣りたい魚を私たちは釣っているわけです。釣りすぎは慎みましょう。私も雑誌取材やDVD撮影、新作ロッドのカタログ撮影で秋口の渓流を釣ることがありますが、禁漁間近の魚はすべてリリースしています。この魚たちが来年また楽しませてくれることを願って……。

さらに釣りを知る

状況に対応する編2

その日の人的影響&自然変化対策

先行者の有無とポイントの変化

渓流釣りの釣果に大きな影響を及ぼす要因、それは先行者の有無です。川岸の砂地や石の上に足跡はないか？新しい足跡は前日か今日先行者がいたと判断します。それが濡れていれば直前に歩かれたもの。しばらく間をおくか、大移動したほうがよいでしょう。

釣りを再開したら最初の数投で感触をみます。理想的な流れで良型が食ってきたら、手つかずの可能性大。ある程度の時間は人が入っていないと判断します。アタリがなかったり、小型しか食ってこなければ相当に人が入った後と判断します。

同様にどのポイントで魚が出るかも見ます。淵がよいか瀬がよいか、仕掛けを入れにくいところしか釣れないのか。釣り始めはいろいろなポイントを探り感触をつかみましょう。そのうえで釣り方を工夫します。先行者の得意場所が瀬で、淵は手付かずかサラッと流しただけ、なんてこともあります。そんな時は淵をじっくり流します。

遡行途中にパタッと釣れなくなることもあります。近くに先行者が入った可能性が大です。場所を変えるか、よりシビアに釣るかの判断を迫られます。逆に、急にアタリが頻発することもあります。こうなるとシメシメで、一気に釣果アップを図りましょう。

他人を気にせず釣りができる日は1年でもごくわずか。それでも一定の釣果を得るには、渓魚の反応で先行者のようすをいち早く見極め、状況に合う釣りをするしかありません。

一方で、上手くなると先行者の後を釣ることに楽しさを見出すこともできるようになります。スレた気難しい渓魚と、あえて駆け引きするのが面白くなるのです。早くそんな渓流マンになれるように腕を磨きましょう。

水位の変化とポイントの変化

いつもの渓流、いつもの場所へと車を走らせる道すがら、ポイントを思い浮かべて今日一日の釣りをシミュレーションします。駐車場所に到着、川へ降りると……、

「アレ？　確かここは荒瀬で先に押しの強い流れの淵があったハズ」

よくあることで、前回とガラッと川相が変わっているのです。原因は水量の違いです。この場合、前回は高水だった水位が下がり、渇水になった可能性

先行者の有無や水位の状況によってねらうポイントを変えていく。たとえば仕掛けが絡む恐れのあるブッシュの下なども果敢にねらっていきたい

釣れない時に思い出すチェックポイント6か条

渓魚がいなくて釣れないのは仕方ありません。しかしたいていの場合は、いるのに釣れないものです。原因はいくつかあります。チェックポイントはズバリ、3章にある「現場に必須の6カ条」です。それぞれのチェックすポイントをもう一度ダイジェストで見ましょう。

①仕掛けのチェック

バラシの一番の原因は仕掛けの問題。イトの傷やハリ先は常にチェック、おかしいと思ったら交換を。同時に水中イトの太さも見直します。

②エサに問題は

種類の選択は適当か、時には種類を変えているか、エサは新鮮かを常にチェックします。

③オモリはマメに交換しているか

流れに適した重さかどうか、マメにオモリを交換しているか。

④アプローチとポイント取りは

渓魚に気づかれないポイントアプローチをしているか、立ち位置と仕掛けを入れる順序は大丈夫ですか。

⑤漫然と釣っていないか

渓魚は不意に出現します。気の緩みが失敗につながります。集中力が切れていませんか?

⑥前回の反省を生かしているか

以前の失敗を繰り返していないか、仕掛け、エサ、オモリ、アプローチ……しっかりチェックを。

が大です。さあ大変、せっかくのイメージと違う釣り方をしなければなりません。荒瀬は段々瀬に、淵も小さくなって流れが淀み、水面は鏡状です。

水位が低ければ渓魚はよりシビアになっているはず。付き場も変わるので仕掛けを細目に張り替え、アプローチもより慎重に。逆に増水だと、ドッと水が流れて今度はポイントが限られてきます。流れの際しか仕掛けを入れられないこともあります。

渓流は水位によってガラリと渓相が変わり、ポイントまで大きく変化します。当然ながら渓魚の活性も深く関係してくることを覚えておきましょう。釣りやすいのは、①適度な高水 ②平水 ③渇水 ④大増水といった順番になりますが、季節で異なることもあります。水位の変化に惑わされることのないよう、基本に忠実にポイントを見極めましょう。

初心者に見られる失敗例

同じことを繰り返していては上達なし

私は立場上、渓流釣りの実釣講習会を行なうことがあります。そこで初心者の人に釣ってもらうと、よく見られる失敗例があります。以下の失敗例に倣《なら》わないように心がけましょう。

知らずのうちに魚を追い込む

実釣講習会では川の歩き方からポイントへのアプローチ、立ち位置、仕掛け投入から流しと一通りやって見せた後、初心者に実践してもらいます。その時よく見られるのが、無意識に渓魚を追い込み、いるはずの魚が逃げて全く釣れなくなるという状況です。

渓魚は敏感です。人の気配を感じるとすぐ逃げて岩陰に潜みます。ポイントからは極力離れて川を遡行し、立ち位置を決めなければなりません。

ある時、私が思う位置よりも立ち込むクセがある初心者に「もう一歩下ってポイントから離れて釣ったほうがいいよ」とアドバイスしたことがあります。彼の返事は「近づかないとポイントへ仕掛けが届かない」。立ち込みすぎの原因は、振り込みが上手くできないせいだったのです。再度振り込み講習を行ない、仕掛けが思うように飛ぶと彼の立ち位置はバッチリ、魚と距離を置く釣りができるようになりました。

これは振り込み技術の未熟さから渓魚を追い込んでしまう一例ですが、ほかにも遡行時に川から離れて歩けるところを安易に流れに入ったり、手前のポイントを見落として立ち込んでしまう例がよく見受けられます。

これらの点に注意しながら、慎重かつ静かなアプローチとポイントから離れた立ち位置決めを心がけましょう。

先行者に気づかない

流れを見つめ、ポイントを見つけて仕掛けを振り込み、1つずつねらって釣り上がるには集中力を切らさないことが大切です。一方で、目が川面ばかりにいって周りの状況を見落とすこともあります。渓流釣りでは前記したとおり先行者の有無が釣果を大きく左右します。先行者のすぐ後ろを釣っていたのではよい釣果は望めません。

先行者がいてもある程度時間が経過している場合は、さほど問題はありません。そこそこ魚の気配が感じられるようなら、先行者によるポイントの変化に気を使いながら釣り上がるのが得策なこともあります。特に週末など釣り人が多く予想される時は、移動しても同じような状況の繰り返しになることが多いものです。

いずれにしても、先行者の有無には常に注意を払い、その後の釣りを組み立てることが大切です。

自然の変化を楽しめるようになっていけば、釣果は必ずついてくるだろう

利き手側だけを釣り上がる

人には利き手があるように、渓流釣りも人によって釣りやすい方向があります。左岸《さがん》（川を上流から見たときの左岸《ひだりきし》。右岸《うがん》は右岸《みぎきし》となる）から釣るのが楽な人もいれば、右岸《うがん》からのほうがスムーズに一連の動作を行なえる人もいるでしょう。

よく目にするのが、自分の得意な側からしかサオをださない人です。ポイントによっては、対岸から釣らないと渓魚に気付かれて追い込んでしまうことがあります。ブッシュがあって対岸からでないと上手く仕掛けが投入できない場合もあります。そんな時は、迷わず安全かつ釣りに支障のない場所で川を渡り、対岸から釣ります。

左岸・右岸を問わず釣れることが大切です。極端ないい方をすれば、川は蛇行しているのでポイントは両岸に半分ずつあることになります。右岸でアタリが出なくなっても、左岸から仕掛けを入れれば食うことがあります。

立ち位置を決めるのは、あくまでポイント優先。釣り人の利き手で決めるものではないということです。

情報を鵜呑みにする

スポーツ新聞や釣り新聞の釣り欄には「某川●×で20㎝のヤマメが何尾釣れた」等の情報が載ったり、ライターの釣行記なども紹介されます。最近はブログやツイッターなどで最新情報も入手可能です。初心者ほどこれらを頼りにしがちですが、情報が流れた翌日の川は釣り人でいっぱい……。

管理釣り場や成魚放流河川ならまだしも、渓流釣りでは入川者数は釣果と反比例するのが常です。情報が確かで朝一番に入川できればそれなりの釣果も得られますが、ほとんどは人の多さに辟易《へきえき》して釣り場を後にする結果となってしまいます。

釣り情報が全く役に立たないわけではありません。利用の仕方次第では充分役に立ちます。たとえば、情報が流れたポイントから大きく上・下流へずらして入川したり、近くの似たような河川へ行くのもよいかもしれません。ある程度日数を空けてから釣行するのも効果的な場合があります。

情報収集は鵜呑《うの》みにするのではなく、上手く利用しなければ役に立たないということを覚えておきましょう。

釣りやすいポイントだけを釣る

ようやくそれなりに仕掛けを流せるようになったレベルの初心者によく見られるのが、釣りやすいポイントにだけ仕掛けを入れ、ほかのポイントはパスしながら移動するパターンです。

周囲にブッシュもなく、振り込んだ仕掛けを馴染ませて流す操作が容易な、つまり適度な水深と適度な流速のポイントは、誰もが釣りやすくサオをだします。イコール渓魚が釣り切られていたり、スレていてなかなか食わないポイントでもあるということです。

簡単なポイントだけを釣っていては思うような釣果は望めません。それ以上を望むなら、難しいポイントも果敢にねらう必要があります。ブッシュが邪魔して仕掛けが振り込みにくい流れ、荒瀬の中のヨレ、ポイントが絞りにくい淵など、どんな流れでも仕掛けを流せる技術を身につけましょう。

くどいようですが、仕掛けが入れにくい、流しにくいポイントほど渓魚が反応する確率は高いものです。

いつも決まったポイントへ入る

これも初心者によく見られます。いつも同じところに駐車して川へ降り、決まった区間を釣って納竿。アユ釣りならまだしも、渓流釣りではあまり好ましい傾向ではありません。もちろんその川の傾向をつかみ、川を覚えるという点では意味のある行為です。魚の出るポイントも分かり、ある程度の釣果を得られるようになります。

ところがここで立ち止まっては上達は望めません。時には釣る範囲を少しずらしたり、特に魚の反応が今二つの時は大きく移動することも必要です。よいポイントに出会えたり、釣果もグッと上向く可能性があります。

ポイントを変えると、少し違ったねらい方をしないと釣れない場合も出てきます。同じに見える流れでも、よいポイントもあればダメなポイントもあるでしょう。身につけた技術に応用を利かせることが必要になるわけです。

新しいポイントでは発見があり、新鮮な気持ちで釣りを楽しむこともできます。得意なポイントを持つことは大切ですが、より多くのポイントを釣ることで自分の釣りの幅が増します。そのためにも、いろいろな釣り場を経験しましょう。

5章 本流釣りに挑戦しよう

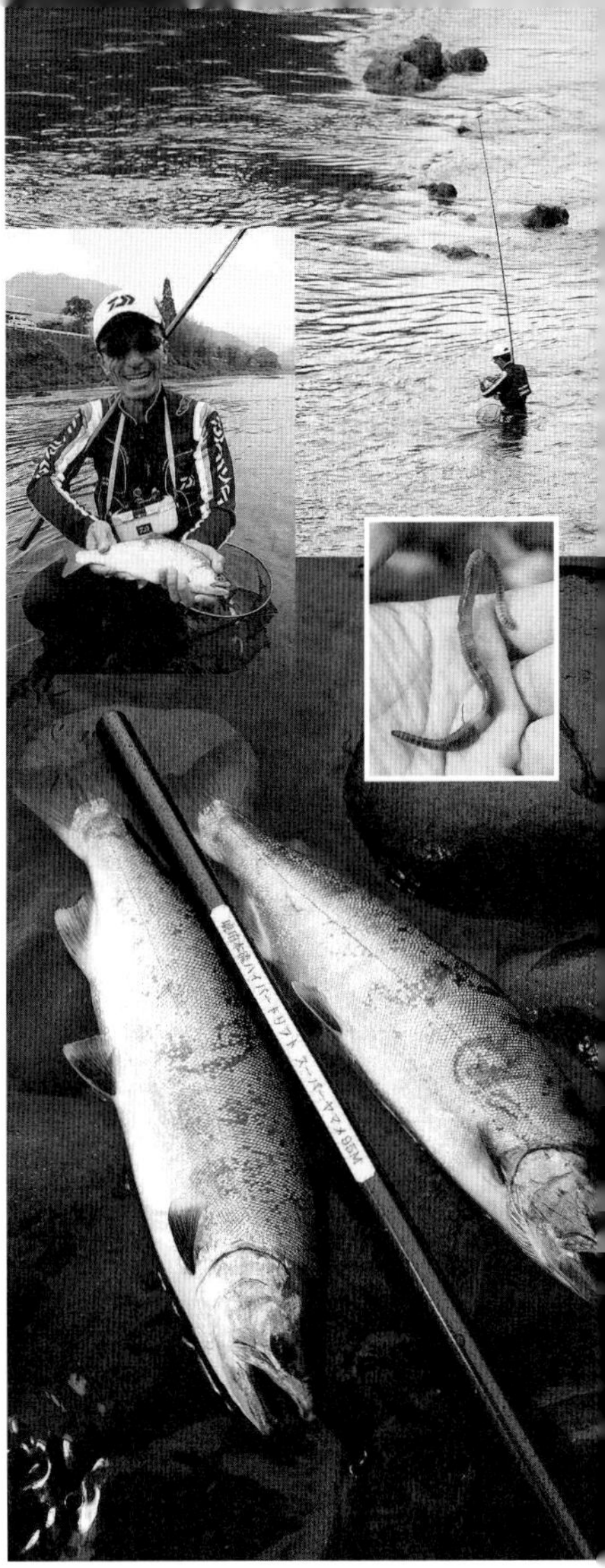

大ものファンをとりこにする本流釣りの世界。
渓流釣りの入門者がいきなりこの扉を叩いても、
広大な流れと巨大なターゲットは、
まるで別の釣りのように感じるだろう。
しかしその基本は、渓流釣りとなんら変わることはない。
いつかは本流へ―。夢の序章をここでは記しておこう。

本流と呼ばれる流れと生息する魚たち

多くの支流を集めて流れる本流域は、水量豊富でエサも多い

　本書はここまで、渓流域での釣りを解説してきました。ところで、ヤマメやアマゴなど渓魚の生息域は渓流に限られるものではなく、本流域にも生息していることは前記したとおりです。地域によってはイワナのような冷水性の強い魚まで本流域に出てきます。

　では本流とはどんな流れを差すのでしょうか？　一般には河川の中下流部をいうことが多く、渓流と呼ばれる上流域や支流を除く部分になります。

　源流部の流れは支流の水を集めながら徐々に流量を増していきます。本流と呼ばれる辺りでは樹木に囲まれた渓流域とは異なり、川の周囲は開け、日差しがふんだんに注ぐ滔々《とうとう》とした流れになります。夏にアユが釣れるようなところのイメージです。従って本流は渓流域よりも水量が豊富で水温も高く、魚のエサとなる水生昆虫も豊富にいます。

雪代明けからが最盛期

　本流は春先から水温が上がり、渓魚の活性が高まるのも渓流域より先です。ただし源流部に降雪が多いと、雪代が流入して水温が低下するため時期尚早です。そのような流域では、雪代が治まってからが本流の本格的なシーズン到来となります。

　本流が最も面白くなるのは魚の遡上期です。渓魚は本来サケと同じように海と川を行き来する遡上魚です。海から遡上したヤマメの降海型＝サクラマスや、アマゴの降海型＝サツキマスのような超大型魚が潜んでいるのも本流域です。また、ノボリやモドリといった本流域を移動しながら大型化する個体もいます。居着きの魚でも、強い流れに揉まれて豊富なエサを飽食し、グングン育ちますから、支流に棲む魚より大型で太っているナイス・バディが多いのも本流の特徴です。

　大型の魚が水量豊富な流れで食ってくるので、釣趣も支流のそれを上回ります。また脂の乗った本流の魚は、食べても美味しいものです。そんな素晴らしい魚が釣れる本流域で、サオをださない手はありません。渓流域では味わえないダイナミックでパワフルな釣りができるのが本流釣りなのです。

豊富な水量とエサのある環境で育った本流の大アマゴ

本流域の一例。渓流域に比べて川の規模が全体に大きくなり、周囲も開けている

タックル&エサの傾向と対策

川と魚のサイズに合わせたものを

本流域のタックルといっても、サオ、イト、ハリなどの基本構成は一般的な渓流釣りと同じです。そこに本流をねらうエキスをプラスして考えます。

川幅がある本流ではまず、ある程度の長さのサオが必要です。さらに、太くて押しの強い流れの中に存在する食い波へと的確にエサを運ぶための仕掛りが必要です。考えられる仕掛けのセッティングは2通りです。

1つは少し軟らかめのサオと、細仕掛けで強い水の抵抗をかわして仕掛けを食い波へと流す方法です。細イトの仕掛けはスレた魚にも効果的です。一方で、大ものが食ってきた時には切られやすいデメリットもあります。

もう1つは、ある程度の太イト仕掛けでオモリを大きくして、仕掛けを食い波へと入れる方法です。仕掛けの強さが確保できる一方、細仕掛けよりも魚の反応は悪くなります。

両者とも長所、短所がある中で、どこに重点を置いたタックルを選ぶかが重要です。通常は、7m前後である程度の細イトも使える調子の本流ザオに0・15～0・3号の水中イトの組み合わせをベースに考えましょう。渓流域のそれと変わらない？　という意見もあるかと思いますが、まずは魚に出会う確率を高めることを優先します。そして大ものが頻発する時には、水中イトを徐々に太くしていきます。

サクラマスやサツキマス、あるいは野生化した大型ニジマスなどの超大ものを狙う時は、迷わず9m前後の長さの大もの用ロッドに0・4～1号水中イトの極太仕掛けを使用します。

重要なエサのボリューム

本流釣りでは、エサは渓流域以上に気を使う必要があります。その時期その川で一番多い川虫を使うのは当然ですが、相手はエサが豊富な本流域に棲む魚です。鮮度の落ちたエサには見向きもしません。常に新鮮な川虫を補充しながら釣るくらいの努力は惜しまないようにしましょう。

また、超大ものをねらう時のエサは基本的に大きなものを使います。具体的にはクロカワや、ミミズです。特にサクラマスやサツキマスには、ミミズが効果的な場合が多いようです。初期の大ものねらいでは、大きめのオニチョロが効果大のこともあります。

私の場合は、朝夕のマヅメはミミズを、日が差す日中はクロカワをメインにしています。

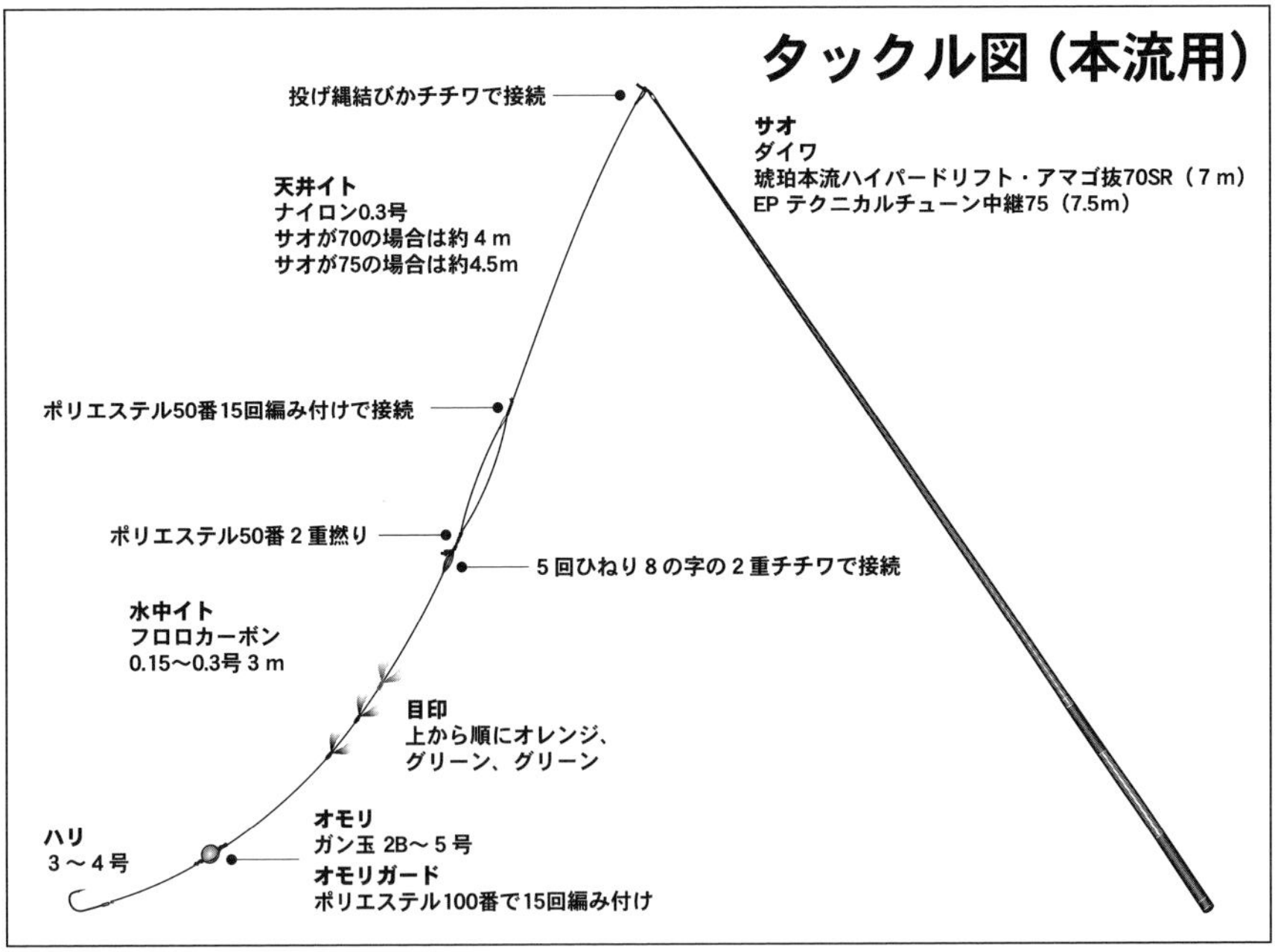
タックル図（本流用）
投げ縄結びかチチワで接続
サオ
ダイワ
琥珀本流ハイパードリフト・アマゴ抜70SR（7m）
EP テクニカルチューン中継75（7.5m）
天井イト
ナイロン0.3号
サオが70の場合は約4m
サオが75の場合は約4.5m
ポリエステル50番15回編み付けで接続
ポリエステル50番2重撚り
5回ひねり8の字の2重チチワで接続
水中イト
フロロカーボン
0.15〜0.3号 3m
目印
上から順にオレンジ、
グリーン、グリーン
ハリ
3〜4号
オモリ
ガン玉 2B〜5号
オモリガード
ポリエステル100番で15回編み付け

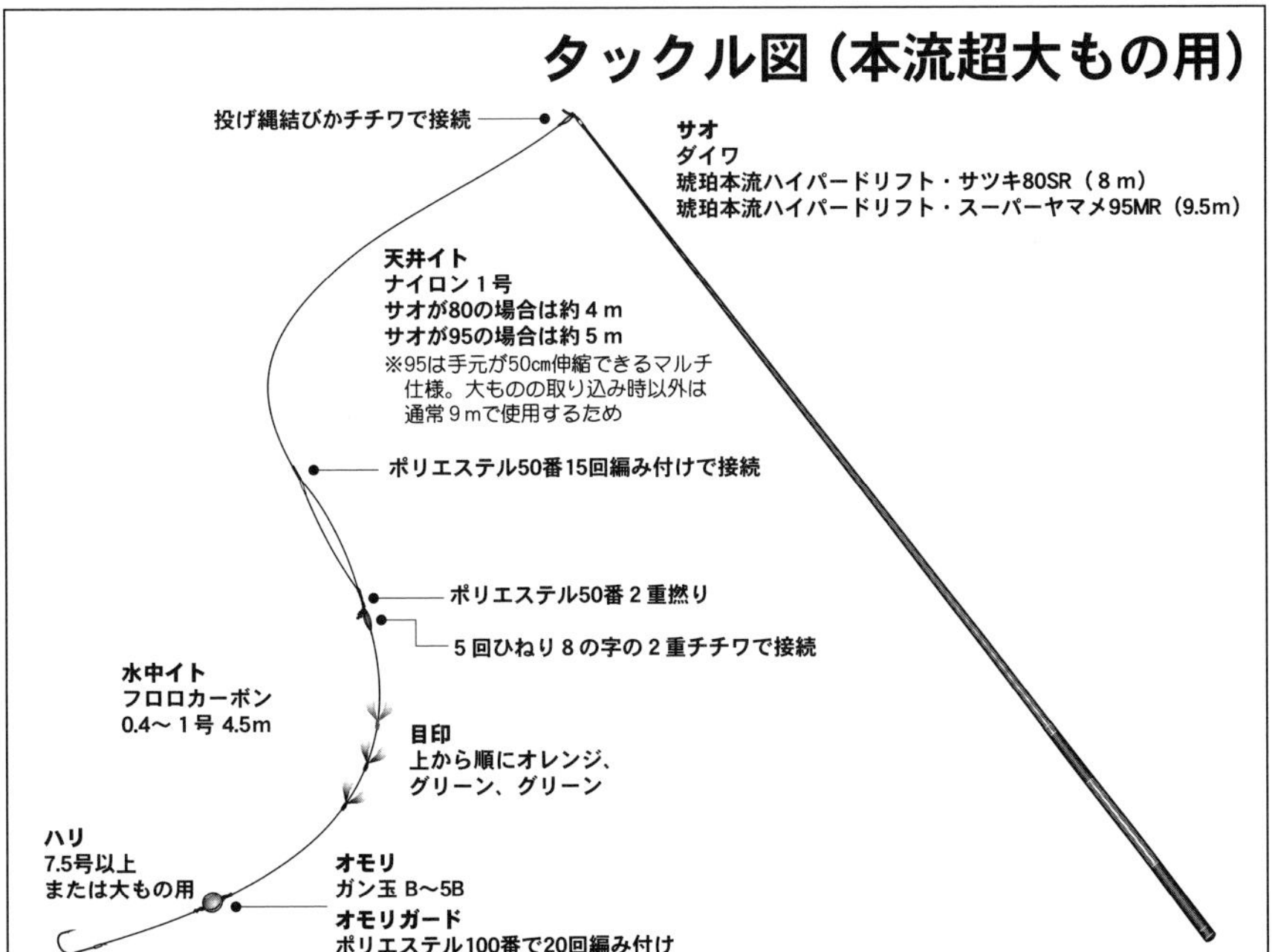
タックル図（本流超大もの用）
投げ縄結びかチチワで接続
サオ
ダイワ
琥珀本流ハイパードリフト・サツキ80SR（8m）
琥珀本流ハイパードリフト・スーパーヤマメ95MR（9.5m）
天井イト
ナイロン1号
サオが80の場合は約4m
サオが95の場合は約5m
※95は手元が50cm伸縮できるマルチ仕様。大ものの取り込み時以外は通常9mで使用するため
ポリエステル50番15回編み付けで接続
ポリエステル50番2重撚り
5回ひねり8の字の2重チチワで接続
水中イト
フロロカーボン
0.4〜1号 4.5m
目印
上から順にオレンジ、
グリーン、グリーン
ハリ
7.5号以上
または大もの用
オモリ
ガン玉 B〜5B
オモリガード
ポリエステル100番で20回編み付け

本流のポイント選びと釣り方のコツ

川底の明るさと底以外の層にも注目

本流の釣りが難しい理由の最たるものは、ポイントが見つけにくいことです。ポイントが絞りにくいといったほうが適切かもしれません。

魚が食ってくる流れ、食い波の原理は渓流域も本流域も同じです。一方で川幅がある流れの中には、食い波と思われる流れが無数に存在します。

たとえば瀬に注目します。瀬のポイント選びのコツは、まず流れの揉み合わせを見つけること。そしてそこにはウケが存在するか等々、川面を観察するとよい流れがたくさん見えてくるはずです。ところが実際にサオをだすと、ウグイやオイカワなどの外道ばかりでなかなか本命の渓魚が食ってこない。そう、本流域の渓魚の生息密度は渓流域よりも低い場合が多く、外道であるウグイやオイカワなどのほうが圧倒的に多いのです。

よい流れに見える揉み合わせでも外道の確率が高いのは仕方のないこととあきらめなければいけないのでしょうか？　いえいえ、魚が付く流れを見つける際にもう1つ重要な要素があるのを忘れています。川底の明るさです。

本流域のポイント選びで最も重要なのは、川底が明るいこと、つまり青白く見えるという要素です。川底が明るいということは底波が生きている証拠。逆にいえば、底波が生きているところでなければ渓魚は付かないといってもよいほど、本流釣りにおける川底の状態は重要です。

川底が黒く泥を被り曇って見えるところは、たとえよい流れに見えても外道しか食ってこないというわけです。

この川底の明るさに注目してポイントを選んでいけば、おのずと渓魚に出会う確率が高くなってきます。

また、川幅が広いところでは流心近くのポイントに目がいき、手前の好ポイントを踏みつぶしてしまうことがあります。そんな失敗をしないためには、川をよく見ることと「釣り始めは手前から」を忘れないことです。

仕掛けを流す層を変えてみる

もう1つ本流ならではのポイント選びの難しさがあります。それは支流より水深がある流れの中で、渓魚がどの層に付いているかを見極めることです。

水深のあるポイントにおける流れの各層の探り方

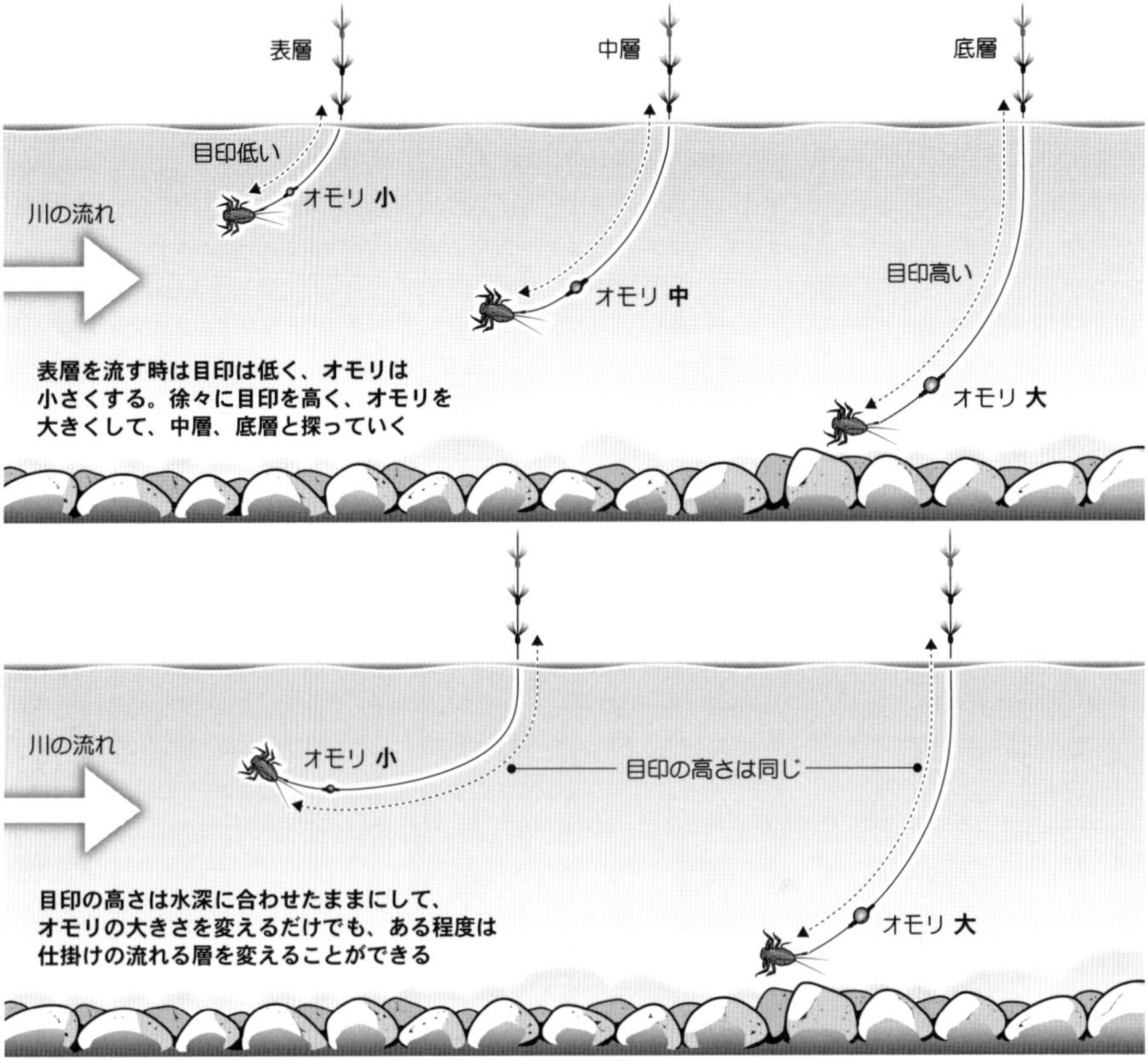
表層
中層
底層
目印低い
オモリ 小
川の流れ
オモリ 中
目印高い
オモリ 大
表層を流す時は目印は低く、オモリは小さくする。徐々に目印を高く、オモリを大きくして、中層、底層と探っていく
川の流れ
オモリ 小
目印の高さは同じ
オモリ 大
目印の高さは水深に合わせたままにして、オモリの大きさを変えるだけでも、ある程度は仕掛けの流れる層を変えることができる

渓流釣りの基本は川底近くに仕掛けを入れて流すことですが、水深のあるポイントでは、中層や表層に渓魚が付いていることがあります。これは特に渓魚の活性が極めて高い時に見られる現象です。仕掛けがしっかり底に入っているのに魚の反応がないと感じた時は、このことを疑ってみるべきです。そんな時はオモリを徐々に小さくして中層、表層近くを流します。

水深のあるポイントを釣る際には、あらかじめこのことに注意を払い、小さなオモリから徐々に大きなオモリに替え、目印の高さを調整しながらいろいろな層を探ってみるべきです。そうして魚の付く層を見つけたなら、以後は徹底して同じ層に仕掛けを入れるようにします。

以上、本流域のポイント選びと釣り方のコツですが、こうしてみるとポイント選びの基本は、やはり渓流域と同じだということが分かってきます。ただ、本流という流れの水量の多さが渓魚の付くポイントを分かりづらくしているだけなのです。

本流域の超大もの釣りは別世界

口をあまり使わなくなった遡上魚をいかに攻略するか

超大もののポイントとは

人もの釣りの季節は魚たちが遡上する時期、つまり春も終わりの頃から初夏となります。その時、釣り人が現場で第一に行なわなければならないことは、ポイント選びです。

超大ものが潜む流れは、前項のポイント選びのコツにさらに＋αの要素を加味する必要があります。

まず、大きな魚体を外敵から守り、生きていくにはどんなところがよいかを考えます。水深は深いほうが大きな体を隠せます。そこに身を隠す陰になるものがあると好都合です。大きな体を安定して定位させられるところならなおよしです。

水深がある＝淵、身を隠すものがある＝大きな岩盤や石の陰、大きな体を安定して定位させられる＝流れのウケです。つまり、淵などの水深のある流れの中で大きな岩盤やカケアガリがある付近で、受けが存在するところを捜せば、大ものが付いている可能性が高いことになります。水面に頭を出した岩盤や大石はもちろん、流れのようすから水中に存在する起伏をうまく読み取って付き場を想定していきます。

同じ理由から、水深のある流れの中の白泡の下や波立ちの下にいることもあります。釣り人にねらわれ続け、本来の住処である淵を追われた大ものが淵の上下の瀬に入ることもあります。また、朝一番は岸寄りの思わぬ浅場へ出ていることもありますが、本命ポイントは水深のある淵です。

同じポイントをしつこく流す

サツキマスで40㎝前後、サクラマスでは70㎝近い大ものをねらうのですから、タックルも超大もの仕様となります。エサはミミズを基本にクロカワやオニチョロなどを用意します。

ポイントにもよりますが、B～5Bの大きなオモリでしっかりと仕掛けを底に沈めて流します。サクラマスやサツキマスなどの遡上魚は、川に入ってからは積極的に口を使いません。これでもかというくらい、しつこく同じポイントをねらうことが大切です。

大もののアタリは実に曖昧《あいまい》です。そのうえ大きなオモリでハリとの間隔を長くしているため、余計にモゾッとした、根掛かりと間違えるようなアタリが出ることが多いのです。アタリが出たらやや強めに合わせ、しっかりとハリ掛かりさせます。いい加減なアワセ

大ものの付き場

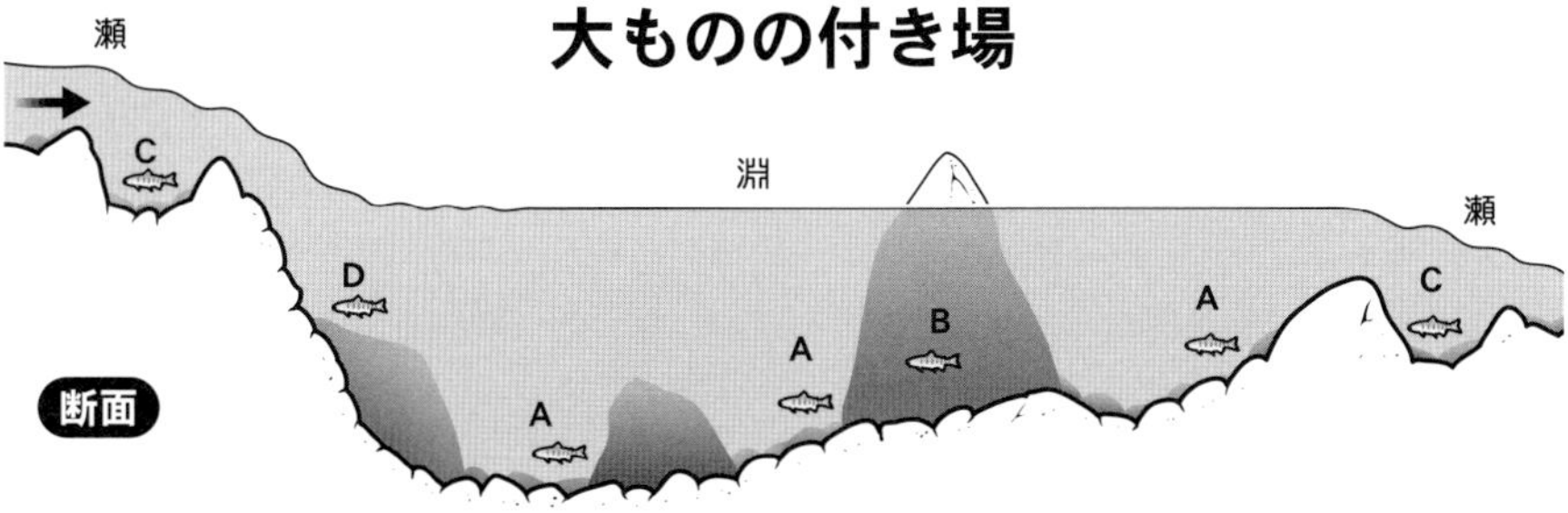

・大ものは体を安定させやすいA(岩盤等の障害物や淵尻にできるウケ)、B(身を隠しやすい岩盤等の際)などに付いていることが多い
・釣り人のプレッシャーなどで淵を追われた場合は、C(淵の上下にある瀬の中のフクロ)に身を潜めることもある
・朝マヅメなどの警戒心が薄れている時間帯は、D(淵頭の浅場)などに出てくることもある

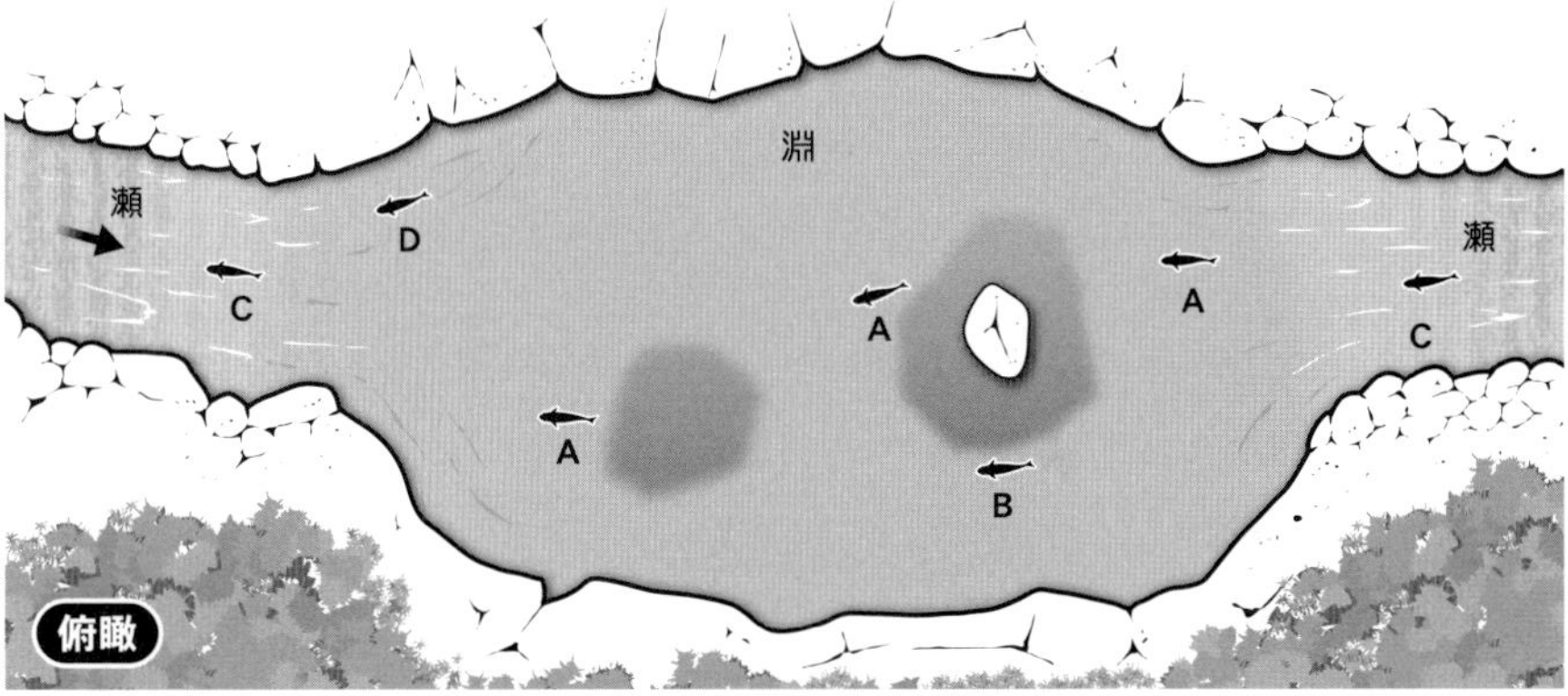

では充分にハリ掛かりせずバラシのもとになります。これは細イト、小バリ仕掛けの釣りとは異なるところです。

魚をハリ掛かりさせてからがもうひと勝負です。すぐ走る魚もいれば、しばらくじっとしてから急に走り出す魚もいます。この一瞬は相当のベテランでも足が震えるような興奮を覚えます。常にサオとイトの角度を鋭角に保ち、サオの弾力を生かしてやり取りします。時には釣り人自ら川に立ち込んで堪えることも必要です。魚を釣り人の支配下に置きながらテンションを掛け、水中で尾ビレを振らせて弱らせます。魚が水面に出ても暴れずに横たわるまで体力を消耗させたら、いよいよタモに入れてフィニッシュです。

食わせるのもひと苦労、取り込むのもまたひと苦労。そんな超大ものとの一騎打ちは、あきらかに渓流釣りの釣趣とは一線を画す、まさにエクスタシーの世界です。

釣り人が流れの点と化す大河。「ここぞ」というポイントにねらいを定めたら、仕掛けを何度もしつこく流す

サツキマス。まさに「渓流の10尾より本流の1尾」

本流釣りは渓流釣りの延長線

本流釣りをモノにした時、渓流釣りとの接点が見えてくる

本流釣りでは、サオ1本にしても流れの規模に見合った長さ・使用する仕掛けの太さと魚の型を考慮した調子が必要なことが実感できたと思います。特に超大もの相手では、アユザオと見間違える長さのものまで登場します。

一方で仕掛けの各パーツはサイズや長さこそ違っても、構成自体は渓流釣りのそれと同じです。魚の付くポイントもしかり。本流域は川が大きいぶん魚の付き場が見つけにくく、時には支流域では考えられないような付き場も出現します。しかし実際に釣れた場所をよく分析すると、そこにはたいてい揉み合わせやウケが存在します。

サオを振って仕掛けを投入し、食い波へと至る流れに仕掛けを乗せて魚の鼻先へエサを流す一連の操作も、渓流釣りのそれと全く同じです。サオが長いだけに慣れは必要ですが、基本ができていれば問題はありません。

職漁師の格言の真意

私のホームグラウンド長良川では、かつて活躍した職漁たちの間にこんなことわざがありました。

「支流の魚10尾よりも本流の1尾」

支流の魚（アマゴ）10尾よりも、本流で釣った魚1尾のほうが価値があるという意味です。魚を商品としてとらえた場合の価格差とともに、本流は支流の魚よりも釣るのが難しい、技術が必要だということもいっています。いい換えれば、「本流を釣りこなしてこそ一人前」というわけです。

渓流域でそれなりの釣果をあげられるようになった釣り人が、本流釣りに挑戦したとします。何とか1尾を手にできたとしても、2尾目を手にするまでには相当な時間を要するものです。ましてや本流域である程度数を揃えられるようになるまでには、さらに何年もかかるでしょう。私もそうでした。けれども、それなりの釣果を得られるようになった時、あらためて本流釣りは渓流域の釣りの延長線上にあることを理解していただけると思います。

今や渓流釣りの中の一ジャンルとして確立して見える本流釣りですが、基本は渓流釣りと何ら変わりません。臆することなく本流釣りにも挑戦しましょう。

あなたはきっとほかの釣り人よりも早く本流釣りの本質を理解でき、ナイス・バディな渓魚を手にすることができると思います。だって、本書を読んでいるのですから……。

6章

渓流釣り随想

渓流の聖地とも称される岐阜県長良川。

そのほとりで私は生まれ育った。

釣りザオ一本で川魚をとり、生計を立てる職漁のいた土地。

彼らの釣りは郡上釣りと呼ばれ、卓越した技術は釣り人の尊敬を集めた。

この章では、今では伝説となった人たちに囲まれて育った

私の記憶の糸を辿ってみた。

わがホームグラウンドのほとりで

1尾のアマゴに心を奪われ、渓流釣りの虜に。そして技術と心を伝える道へ

職漁師のいた川

岐阜県長良川のほとりで生まれ育った私が初めて渓流ザオを握ったのは、小学校へ上がった春のことでした。父に仕掛けを作ってもらい、近くの支流で初めて手にしたアマゴの、小さいけれどもまぶしい美しさは今も鮮烈にまぶたに残っています。

この、たった1尾のアマゴが、私を渓流釣りの世界へと引き込んでいったのです。

私のホームグラウンドの長良川には、一昔前まで職漁と呼ばれるプロの釣り人がいました。そんな名手たちに囲まれて釣りができたのは、今思えば非常に恵まれた幸せな環境だったといえます。

彼らによって培われた釣りの理論やその技術はすごいものでしたが、専門的な高度さゆえに、一般の釣り人が理解するにはいささか難しい面がありました。

渓流釣りで使われている用語には、長良川の職漁が使っていた言葉が今も数多くあります。たとえば流れの収束部を差す「揉み合わせ」や水衝部をいい表わす「ウケ」、渓魚が食ってくる流れの「食い波」などは、まさに彼らが生んだ言葉です。

それらの言葉の意味を私が本当に理解して、それなりに実践できるようになるまでに要した時間は、相当なものでした。

釣りというものは、釣果がなければ楽しさは半減します。また、人間ですからほかの人よりもたくさん釣れれば優越感も生まれます。その先にようやく周りの風景を、季節の移り変わりを楽しめる余裕が生まれてくるのだと思います。

釣りを愛し、渓魚を愛す

社会人となっても私の釣り熱は冷めることなく、後にダイワのフィールドテスターとなり、多くの名手と呼ばれる人たちと交流させてもらいながら渓流釣り、アユ釣りを続けました。1人でも多くの釣り人に1尾でも多くの魚を釣ってもらい、渓流釣りの本当の楽しさを知ってほしいという思いから、

サオなどタックルの開発にも携わり、講習会や執筆活動なども行なうようになりました。

一方で、こんなに楽しい釣りをいつまでも続けられるためには、渓魚に感謝し、いたわる気持ちを忘れてはいけないとも思い始めました。渓流や渓魚のために、釣り人としてできることを考えられるようにもなりました。

そして今でも解禁が来ると私の渓流通いが始まります。サオを伸ばし、仕掛けをセットする時のワクワク感は、初めて渓流ザオを握ったあの時と何ら変わりません。

季節が春から夏へと移り、渓魚がグングン美しく力強くなっていくさまは、木々の葉が新緑から深緑へと移り変わるそれと重なります。夏場はアユ釣りがメインになりますが、時には渓流にも足を運びます。蝉時雨を浴びながらも、いつの間にか渓流に訪れる早い秋を感じると、いよいよラストスパートです。

禁漁を前に荒食いする渓魚に少し申し訳なく思いながら釣った魚をリリースする時、私の心は、はや来春の渓流へと飛んでいます。

二十歳の頃の私の釣り姿

長良川の職漁師たちとのふれあい

渓魚という生き物を商う人たちの卓越した技術と見識が私を育ててくれた

与一マ（菱田与一さん）

私が渓流釣りを覚えた頃、長良川上流の郡上地区にはまだ現役の職漁と呼ばれる釣り人たちがいました。職漁のことを郡上では「商売人」と呼んでいました。「釣りを商売にしている人」という意味です。

川魚を漁る漁師は全国津々浦々に存在しましたが、釣りザオ一本で生計を立てる職漁は、山国のほんの一部にしか存在しなかったと思われます。中でも長良川上流を稼ぎ場とする職漁たちは、卓越した技術に裏打ちされた理論を持つ集団でした。当時一般の釣り人から見れば、まさに神業のような彼らの釣りは郡上釣りと呼ばれ、アユやアマゴを釣るうえで、実に合理的な釣法とされていました。

かくいう我が家も、祖父も父も夏場はアユ釣り以外はやらないという職漁的な生活をしていました。また何人かの職漁の人が我が家へ出入りし、自然と心安くなっていったものです。

まだ運転免許が取れない中学生の頃、私の釣りの足は自転車でした。当時よくアマゴ釣りに通ったのが、自宅から５㎞ほど離れた長良川の支流です。早朝、父のトラックに自転車を積んで送ってもらい、川へ着くと自分だけ車を降ります。自転車は上流まで運んでもらい、自転車が置いてあるところまで釣り上がって、帰りは坂道を自転車で下りながら帰宅するといったことをしていました。

そんなある日、ある程度釣って帰途につこうとしていると、私の釣った後を釣り上がってくる人がいました。近づくと与一マこと菱田与一さんです。与一マは祖父や父の友人で、かしわ屋（鳥肉屋）を営んでおり、時々我が家へ寄って話し込んでいたので気心が知れていました。

「どうやな、釣れるかな?」と私が声を掛けると、

「おう、ボチボチやなあ」といって黙々とサオを振っています。そんな与一マのビクをのぞくと、中はアマゴでいっぱいでした。自分の後でこれだけの釣果をあげられ悔しい思いをした一方で、その技術に脱帽したものです。

両手でサオを持つ釣りが主流の郡上釣りの中では、与一マは数少ない片手釣りの名手でした。与一マの得意とするポイントは大場所よりも小場所で、支流や段々瀬のような小さなポイントをなめるように探る、緻密な釣りを得意とする人だった記憶があります。

芳花園のお爺ちゃん（恩田俊雄さん）

後に「釣聖」と呼ばれるようになった恩田俊雄さんは、芳花園というお店を経営されていました。私がまだ20歳代の頃には、釣ったアマゴをときどき買ってもらったりもしていました。

恩田さんは当時の若い釣り人から「芳花園のお爺ちゃん」と呼ばれて慕われていました。私も芳花園のお爺ちゃんにはいろいろ教えてもらいました。ここでは敬意と懐かしさを込めて「お爺ちゃん」とさせていただきます。

ある日、釣ったアマゴが悪くなる（腹が溶けて品質が落ちる）といけないと思い、ビクに入れたアマゴの上に川岸の雪を被せて芳花園へ持ち込んだことがありました。

「ええアマゴやな」とお爺ちゃんはほめてくれた後で、

「ええアマゴやけどアマゴは雪や氷をかけたらいかん。アユには氷が効くが、アマゴはいかん」

といわれました。私はこの時初めて、アマゴに氷は禁物で氷や水に浸けて濡らしてはいけない、乾いた状態にしたほうが悪くならないということを知ったのです。現在は魚をビニール袋に入れ、氷に直接くっつかないようにしてアイスボックスに入れますが、当時はまさに目から鱗でした。

お爺ちゃんがアマゴやサツキマス釣りについて、腕も理論もピカイチなことは多くの方が知るところです。

ある時私はお爺ちゃんから「マス（サツキマス）を釣る時オモリは何号を使う?」と聞かれ、

「Bか2Bが多い」と答えると、

「2号か3号のほうが食いがええで」

といわれました。これは小さなオモリで波に乗せて釣ったほうがよく釣れるということで、極小オモリでの振り込みから流し方、「揉み合わせ」「男波」「女波」の原理等々、こと細かに教えてもらいました。

芳花園の後継ぎであるターちゃんこと恩田忠弘さんもまた、お爺ちゃんの釣りを伝承する名手であり、私と歳が近いせいもあって心安くいろいろと教えてもらったものです。

芳花園でコーヒーをすすりながら聞くお爺ちゃんやターちゃんの話は楽しく、後の私の渓流釣りにおいて大きな糧となりました。

万サ（古田万吉さん）

長良川最後の職漁といわれた万サこと古田万吉さんとは、アマゴ釣りでご一緒させてもらったことがあります。単車にまたがる万サの後ろを、私も単車で追ったものです。

釣聖と称された恩田俊雄さん。地元では「芳花園のお爺ちゃん」と呼ばれて多くの釣り人に慕われていた

無造作にサオを振る万サの姿に無駄はなく、スッとサオをあおった次の瞬間にはアマゴがタモに収まっていました。自らを川の渡世人と呼び、職漁の多くが漁閑期である冬場は他の仕事に就く中、万サはコイやウグイなどを獲るという生粋の職漁でした。

私が知る職漁の方々も今は亡き人となってしまいました。しかし、私が釣りを覚え始めた少年期から青年期にかけて彼らと接し、学ぶことができた釣りのノウハウは、今でも私の大きな財産となっています。

サオやイトといったタックル類は近年著しい進化を遂げ、釣法も進化してきました。けれども、その根底にあるのは彼ら=職漁が突き詰めた技術であり、理論であったと思います。

今や、サオ一本で生活できる時代ではなくなってしまいましたが、いまだに私の夢は彼ら職漁と肩を並べ、来る日も来る日もサオを担いで渓流を闊歩《かっぽ》することです。

長良川の職漁に学ぶ

生活の糧を絶やしてはならない。そこから生まれた1つの哲学

長良川の職漁たちは、釣った魚を生活の糧とするために渓魚釣りをしており、そのための努力を惜しむことはありませんでした。

こう書くと、われ先に渓流へ急ぎ、1級ポイントを人に取られないような釣りをしていたと思うでしょう? しかし実際は違います。

職漁たちが支流を釣る時は、釣り場へ入る夜明け前にポイントを割り、クジ引きで入川場所を決めたといいます。支流は一度釣ると、なかなか釣り返し(同じポイントで何度も釣れること)が効かないからです。時に、腕のよい漁師は普段あまりたくさん釣らない者に、よいポイントを譲ることもあったといいます。

もっとも、当時の釣り場に一般の釣り人はほとんどいなかったでしょうから、自分たちでポイント割りをすれば安心して釣れたのだろうと思います。その後、一般の釣り人が増えてきても、彼らの中には快く釣り場を譲る人がいました。他人が釣った後でも釣果を上げる技術と自信があったからだろうと思いますが、いつの日か私もそんな自信に満ちた釣り人になりたいと思ったものです。

川はなぶるといかん

長良川ではかつて、カブ玉といってカジカの産卵した卵を渓流釣りのエサとして使う風習がありました。

春先、カジカの産卵期に箱メガネで川底をのぞき、カジカの産卵場を捜して石を起こして産み付けられた卵塊を採ります。それを持ち帰って、囲炉裏などで乾燥させて保存するのです。エサとして使う際には、水で湿らせて軟らかくし、少しずつ千切ってハリに刺しました。

カブ玉は時として特効エサとなることがあり、多くの職漁が使用したと聞きます。

一方で万サこと古田万吉さんは、決してカブ玉を使うことはなかったといいます。自らは魚で生活の糧を得る漁師でありながら、魚卵を採って釣りエサに使うことの理不尽さが解せなかったというのです。

今ではカブ玉の採取は禁止されていますが、万サのこの話はまさに職漁の心意気を感じさせる逸話として語り継がれています。

万サは口ぐせのように、

「川はなぶるといかん」といっていたといいます。

「なぶる」とは、郡上地方の方言で、「人が手を加える」ようすをいい表わします。「川は自然のままがいい、人の手が加わると悪くなる」という意味です。毎日、川と向き合って生活してきた職漁の言葉だからこその説得力があり、並々ならぬ川への思い入れが感じられます。

今や日本中どの川を見ても、人の手が加えられていない川は皆無といっていい状況になってきました。それでも幸いなことに、まだそこかしこに元気な渓魚がいっぱい棲む川がたくさんあります。

川を一番身近で見て感じられるのは、我々釣り人なのです。釣り人こそが川の番人でなければいけないとも思います。

いつまでも楽しい渓流釣りができる川を後世の釣り人に残すことが、今を生きる私たち釣り人の役目ではないかと思うのです。万サの言葉を思い出すたびに、私はそんなことを考えています。

忘れられない出来事

4つの思い出、体験から

長年釣りをしていると、よくも悪くも忘れられない思い出ができるものです。渓流釣りを始めて間もない頃は、渓流で出合うすべてが鮮烈でした。

しかし、長年の間にそれらは淘汰され、いくつかの出来事だけが頭の中に残っています。時間のある時にでも、サラリと読んでいただければ幸いです。

Part.1 私を虜にした1尾のアマゴ

私が渓流釣りの世界へと入っていくきっかけを作ったのは、幼少の頃に釣った1尾のアマゴだということは先にも書いたとおりです。

当時私の父は夏場はアユ釣りが仕事、春は農作業のかたわらアマゴ釣りといった生活をしていました。春も4月頃になると、父はほぼ毎朝長良川本流へと釣りに行き、ポッテリと肥えた大きなアマゴを揃えてきました。釣りから帰った父のビクを覗《のぞ》くのがいつも楽しみだった記憶があります。私は、自分もいつかこんなアマゴを釣りたいと常々思っていましたが、「川は危ないからダメ」と止められていました。

それまでも、シラハエ（オイカワ）のカガシラ釣り（毛バリ釣り）には連れて行ってもらっていましたが、アマゴ釣りはまだ一度も経験がなく、見たこともありませんでした。

小学校へ入学した年の春、桜も満開でしたから4月も半ばのことだったと思います。思い切って「アマゴ釣りがしたい」と父にせがみました。すると父は自分の郡上ザオの元ザオを一本抜いて短くし、それに合わせた仕掛けを作ってくれました。

そして休みの朝、夜明けと同時に自宅から歩いて10分ほどのところにある小さな支流、竜牙谷川へと向かいました。その途中、近くの牛舎でミミズを採って川へ降りました。

何とか仕掛けをセットして、ミミズをエサに釣り始めました。初めて握る郡上ザオは、元ザオが抜いてあるにもかかわらず、ただただ重かった記憶があります。

どんなところを流すとアマゴが食うかはあらかじめ父に聞いていましたが、いくら支流でも、初めての子供にはそう簡単にはいきません。仕掛けをブッシュに絡ませたり、かと思うとポイントに近づきすぎて足元から走り去る魚の影を見たりと、釣れない時間が続きました。

昼近くになった頃、ようやく記念す

べき1尾が私の手中に収まることになりました。小さな淵の流れ込みに入れた仕掛けが流れ出した時にスッと目印が止まり、あわてて上げた仕掛けの先に踊っていたのは、小さいけれどまばゆいほどに光り輝くアマゴでした。手に取ると手の平より少し大きい程度でしたが、青とも緑ともいえぬ背中からパーマークにかけての光り具合の中に、真っ赤な朱点が散りばめられたその姿は、今でもまぶたの裏に張り付いて離れません。

早速サオを仕舞い、1尾のアマゴを握りしめ、喜び勇んで家へ帰ると祖母が目を細めて喜んでくれました。その晩は、父の釣ってきたアマゴの塩焼きに混じって私の釣った小さなアマゴが皿に乗せられて夕食のおかずとなりました。

この1尾のアマゴが私を渓流釣りの世界へと引き込んでくれたのです。

あれから何千尾、いやもっとたくさんの奇麗な渓魚を釣ってきたと思いますが、未だにあのアマゴを超えるような美しく可愛いアマゴには出会っていない気がしてなりません。

今までいったい何尾のアマゴと出会ってきたことだろう。そして、今でも一番美しいアマゴとしてまぶたの裏に焼きついているのは、子供の頃に初めて釣った1尾だ

Part.2 単車…釣欲をかきすぎた一例

私が20代の頃、渓流釣りの足は単車でした。といっても50㏄のカブです

が、渓流釣りにおいて単車は自動車よりも断然有利。駐車場所を気にすることもなく、どこにでもスッと駐車して、サッと川へ降りられます。当時の私はこの単車を駆って、長良川本流をはじめ、いろいろな支流を走り回っていました。

まだ春も早い頃、峠を越えた支流の亀尾島川へと釣りに行った時のことです。まだ夜が明ける前にサオを背負って単車にまたがり、自宅を出発しました。釣り場となるポイントまでは、距離にして約20㎞。たいして遠くはないですが、峠道から向こう側がそのうちの半分以上を占めています。

順調に走って峠へ差しかかると、道の脇にはまだ残雪があります。さらに峠を越えてしばらく走った辺りで「石に乗ったかな?」と思うと、後輪からプシューと空気の抜ける音が……パンクです。石でタイヤを切ってしまったようです。

実はこの道、峠の上り口からは家がなく、釣り場となっている支流も昔は民家が数軒あったものの、今は廃村となったまさに無人の土地です。

あと少しで川沿いまで降りられるところまできています。引き返そうかとも思いましたが、私はこの状況下でも釣りをしたい気持ちのほうが勝ってしまいました。そのうち山仕事のトラックにでも出会うだろうと、単車を押して峠を降り、予定よりだいぶ遅れて釣り場まで到着しました。そしてサオを振り始めるとポツポツ釣れます。途中で握り飯をほおばりながら一服。ビクが重くなってくると、山の端に日が沈み始めました。単車のことが気にはなっていましたが、この時間まで釣ってしまいました。

歩いて単車に戻る頃には辺りは少し薄暗くなって、さあどうしようかといった感じ。未舗装の道には、車の通った跡は確認できません。これはもう自力で帰るしかないということで、単車を押して歩き始めました。

途中、廃墟の民家の前を何度か通らなければならず、そのたびに誰かに見られているようでゾッと寒気がします。といっても、実際はゴムの胴長を履いて坂道をパンクした単車を押すのですから、若い私でもさすがにこたえました。吐く息は白くても、汗びっしょりです。

電話はつながっておらず、携帯電話もない時代です。今でもここは携帯の圏外ですが……。そしてようやく峠の頂へ出ました。その頃には腕時計は午後8時を回っていました。今思えば単車を置いて自分だけ戻ればよいものを、当時はこの単車がよほど大切だったようです。

峠を降りたところの民家へ寄って電話を借り、親父にトラックで迎えに来てもらいました。家では相当心配していたそうですが、さすがにあきれたのか、叱られることはありませんでした。

渓流に入るときの心得「時には即座に撤収する勇気も必要!」です。

Part.3

仇討ち（『逃がした魚は大きかった…。渓魚・アユ編』収載原稿より）

私は渓流釣りの延長で本流釣りもやります。長良川の本流大ものといえば、アマゴの降海型、サツキマスです。

平成3年、この年は例年になくサツキマスの遡上が多く、私も5月に入ってからすでに数尾のサツキマスをあげていました。しかし型は今ひとつでアベレージは35㎝前後、なかなか40㎝オーバーには巡り合えずにいました。

5月も下旬に差し掛かったある日、前日からの雨で長良川の水位は高く、薄い濁りも入ってサツキマスねらいには絶好のコンディション。私はいつものとおり長良川のサツキマスポイントへ出かけました。幸いほかに釣り人の姿もなく、1級ポイントに陣取ることができました。

アタリがないままサオを振り続け、もうやめようかなと思った頃、その瞬間は突然やってきました。サツキマス独特の、目印が水面にもたれかかるようなモゾッとしたアタリに反射的に合わせました。しかしそいつは微動だにせず、じっとしています。アレ？　根掛かりかなと思ってサオをあおると同時に、首を振ってサツキマスの猛襲が始まりました。

サツキマスに限らず、大ものは常に釣り人が優位に立たなければ勝ち目はありません。ところがサオに伝わる走りの重さは尋常ではなく、不意の出来事に私の心にビビリが生じてしまったのです。サツキマスに思うように走られ、サオとイトの角度が広がります。何とかサオを立てようと、グングン沖へと出ていくサツキマスについて川へ入ってしまいました。いくら水に強い私でも、ウエーダーを履いたままで増水した長良川の流れに勝てるハズがありません。ましてや手にはサツキマスを掛けたままのサオを握っているのです。

ついには首まで水に浸かりながら、ふと頭をよぎったことがありました。長良川を代表する職漁師、万サこと古田万吉さんがイカリ（素潜りで行なう引っ掛け漁）でコイを引っ掛けた時、

「大ものはイカリザオを離して自由に泳がせ、弱った頃合を見計らってサオを拾い回収する」

といっていたのです。私はウエーダーに入った水の重さと強い流れで足を引っ張られながらもサオを放し、川原へ上がってサオの行方を追いました。するとサオは対岸近くの流心際で静止しています。おそらくまだサツキマスは付いている……初夏とはいえ肌寒い陽気でしたが覚悟を決めて服を脱ぎ、裸で川へ飛び込みました。上流から流れながらサオに近づこうとすると、サオは一瞬穂先が水中に沈み、流れに揉まれて流れ始めました。その流れ方を見て、私はイトが切れたことを確信しました。身体から力が抜けそうになるのをこらえ、サオを回収しました。

全長：４２cm、体重：９２０g、日時：平成3年6月2日 午前10時、場所：長良川
竿：ダイワ「本流アマゴ抜」７m、糸：スペクトロン 0.3号、ハリ：渓流 7.5号

仇討ちのサツキマス。自分への教訓とともに、忘れられない１尾

翌朝、川で出会った顔なじみの先輩の釣り人が私を見るなりひと言、

「昨日ここへマス釣りにきたら、河童が川を流れるのを見たわ」

私は思わず先輩にことの顛末《てんまつ》を話していました。

数日経った6月2日、私は同じポイントでこの年、私にとって最大となる42㎝のサツキマスを釣りあげました。もちろん泳ぐようなことはせず、常に相手を自分の支配下においてのやり取りでした。タモに入れたサツキマスの口には、数㎝のイトが付いた見覚えのあるハリが刺さっていました。

このサツキマスは、当日のデータを書き込んだ写真となって今も家に飾ってあります。ある意味、自分自身への戒めとして。その後、私はこのサツキマスを上回るサイズを相当数釣っていますが、これほどてこずらせた相手はいまだに現れません。大ものに対峙する時、一瞬の気の緩みが命取りになることを思い知らされた出来事でした。

Part.4

熊との遭遇（『釣り人の「マジで死ぬかと思った」体験談』収載原稿より）

私の渓流釣りのフィールドは地元の長良川水系がメインですが、時には県内の他河川や近県の河川へも釣りに出かけます。

あれは今から10数年前、当時私が30代最後の年のあたりのことです。

私は長良川から峠を1つ越えた九頭竜川の支流、石徹白川へと釣りに行きました。石徹白川は、上流は岐阜県を流れていますが私が通っていたのは下流の福井県内です。

その日も夜明け前に自宅を出て、いつものポイントへと向かいました。九頭竜川沿いから石徹白川合流点を右折して上流へ進むと、小さなダムがあります。ダムを越えてしばらく進むと、入川する目標の橋が見えてきます。この橋を渡ったところに古い火葬場があり、入川場所となります。

駐車場所から川まではけっこうな高低差がありますが、付近で川へ降りられるのはここだけ。林の間をくぐりながら川へ降り、川原に生い茂る柳の大木の間を潜り抜けながら下流へ向います。数百m下ったところで、先ほど通り過ぎたダムのバックウオーターへと出るので、ここから釣り上がります。

このバックウオーターは適度な水深で長い流れ込みとなっていて、上手く釣ればこの流れ込みだけで2ケタ釣れることもあります。

1投目から小気味よいアタリがあり、20㎝クラスの綺麗なアマゴが釣れてきます。石徹白川は日本海側へと流れる河川で、本来はヤマメの生息圏ですが、その昔アマゴを放流してからはアマゴの棲む川となっています。

山の稜線に朝日が差し始め、気分が高揚してきます。数尾釣ったところでこのポイントを見切り、上流の長いザラ瀬へと釣り上がりました。

瀬の中の小さなヨレでアタリが出て、順調に数が伸びます。水深は膝のあたりまでですが、底石が小さいので結構流れは強い。頑張って立ち込みながら対岸まで釣り、また元の岸へ戻って上流へ移動し立ち込んでいくということを繰り返しながら釣り上がりました。

柳の大木から張り出した枝に仕掛けを絡ませないように注意しながら上流へ移動し、ふと岸辺の砂利原に目をやった時、イヤ～な予感がしました。川には私以外いないはずなのに、砂利が掻き回されて辺りが濡れ、近くの頭大の石がひっくり返されています。

自分が置かれている現状を理解するのに、そんなに時間はかかりませんでした。上流に目をやると、黒くうごめく物体が大小2つ、いや3つだったかもしれません。その物体が親子連れの熊だと理解できた頃には、私の両手はサオを仕舞い始めていました。

息を殺しながらサオを仕舞い、いつもなら丁寧に巻き取る仕掛けも天井イトから引きちぎりました。ベストのポケットを探ってもサオの上栓が見つかりません。その間も黒い物体から目を離しませんでしたが、熊までの距離はやけに近く感じられました。熊は私に気づいていないらしく、ある程度は離

渓流域でのクマと思われる足跡。見つけたら、慎重に、かつ素早く帰り支度をするに限る

れてはいたと思いますが、子連れの熊は怖いと聞いた記憶がよみがえり恐怖心が増します。

早くここから立ち去らなければ。しかし車へ戻る道は1本しかなく、熊の親子がいる場所を通らないと車へたどり着けません。いろんな場面が頭の中を駆け巡ります。熊の後ろのヤブへ入り、熊に気づかれてアウト。かといってこの場でじっとしているなんてことは怖くてできません。残された道は1つ、川を渡って対岸の断崖絶壁をよじ登るしかありません。

なるべく上りやすくなっているところを捜しながら、抜き足差し足で下流へ向かいます。数歩進むと足早になり、バックウオーターを徒渉することにして流れに飛び込みました。今にも親熊が突進してくるような気がして怖く、振り返ることも出来ません。とにかく一目散に対岸を目差します。

と、流れに足をとられてひっくり返り、ウエーダーの中へ水が入ってヤバイ状況に。少し流されれば体はダムの中、必死に重いウエーダーを引きずってもがき、何とか対岸へたどり着き、息つく暇《ひま》もなくそのまま一目散に崖をはいずり上がります。イバラをつかんで手がずりむけても、かまっていられません。何とか上の道路まで出て川をのぞくと、熊の姿はありませんでした。

道に寝そべってウエーダーの水を出し、車へと歩きますが、まだ早朝で辺りに人影はなく、無性に心細い。腰に差していたタモはいつの間にかなくなり、手にしたサオは傷だらけ。しかも手のひらからしみ出た血糊《ちのり》で赤く染まっています。そのまま車に飛び乗り、エンジンをかけて一目散にその場を立ち去りました。

以後数年間、私は石徹白川でサオをだすことはありませんせした。今では石徹白川へ釣行する時には、腰のベルトに熊除け鈴を付けています。あの時、私は渓流が野生生物の聖域であることを身をもって感じた次第です。

7章

ためになる知識編

魚を釣る行為だけが渓流釣りのすべてではない。
たとえば渓流という環境や渓魚について知識を豊かにすることは、
あなたの渓流釣りライフをそのまま豊かにしてくれる。
漁協や釣りクラブの意義を知ることも然り。
自然の恵みとして渓魚を美味しくいただくこともその一つだ。
そして—いつか、その知識をあなたの後輩にも伝えてほしい。

漁業協同組合、釣りクラブの意義

釣り場としての管理を行なう漁協、釣りを愛好する釣りクラブという2つの組織・団体について

河川漁協

日本中のほとんどの河川には、漁協があります。漁協は、都道府県知事から漁業権の免許を受けて漁場、つまり釣り場としての河川を管理しています。

河川漁協は海の漁協とは若干ようすが異なっており、漁協の構成員である組合員といえども、海の漁協組合員のような専業の漁師はほとんどいません。遊漁者と呼ばれる一般の釣り人と同じような組合員が多いのです。そして漁協は一般に漁場を開放し、遊漁料を徴収することができるようになっています。

河川漁協には、漁業権が与えられると同時に、魚を増殖する義務を負うことになっています。その方法は稚魚や発眼卵の放流だったり、産卵保護のための禁漁区の設置管理だったりします。そしてその経費には、組合員の賦課金や遊漁者の遊漁料が充てられるというシステムになっています。

一方、漁協には漁業権はありますが、河川の所有権や管理権は国にあります。いい換えれば、川や川に棲む魚は国民皆の財産である一方で、魚を獲る権利や漁場を管理する義務は漁協にあるということです。

そうであるならば、河川の管理権を持つ国が魚を獲る権利も持てばいいのではという考えもあろうかと思います。けれどもそうなったら今の日本のこと、公共事業優先になってしまうのではと危惧するのは、私だけではないと思います。

ややこしい話はこれくらいにして、釣り人が漁協に支払う遊漁料は、魚を増殖するために役立てられているのだということです。そう考えれば、あら

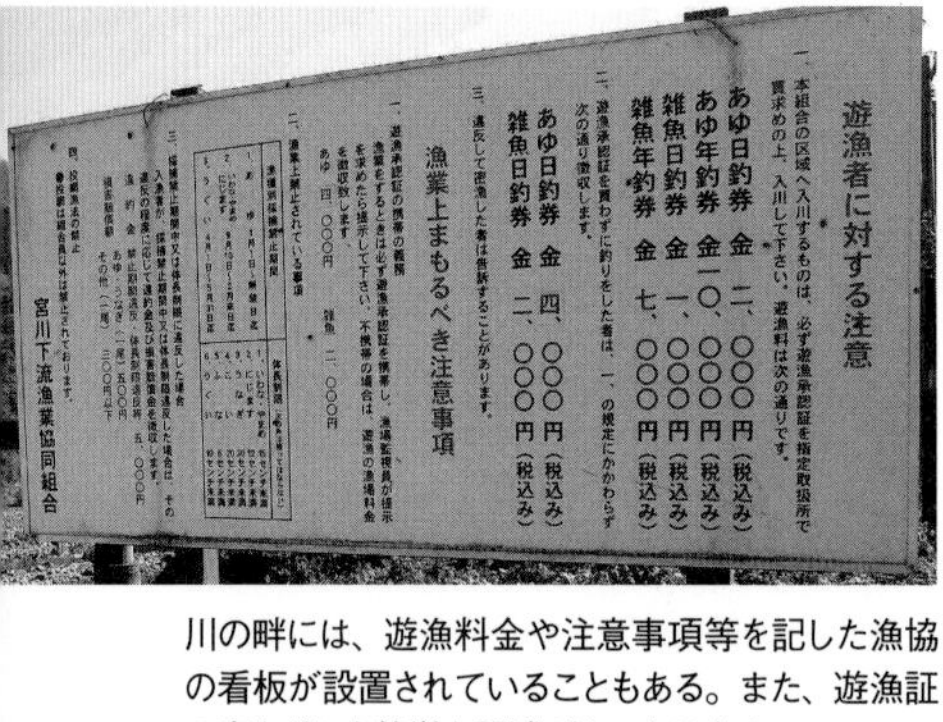

川の畔には、遊漁料金や注意事項等を記した漁協の看板が設置されていることもある。また、遊漁証の裏などにも簡単な記述があったりする

かじめ遊漁料を納めて釣りをするということの意味が理解できるというものです。

釣りクラブとその意義

世の中にはいろいろな目的や嗜好を持った釣り人同士の集まりがあります。その中で、ある程度組織化された集まりのことを一般に釣りクラブと総称しています。

たとえばアユ釣りの世界ではトーナメント（釣り大会）が盛んです。そして一流トーナメンターの多くは、それぞれ釣りクラブに所属しています。アユの釣りクラブの多くは、技術の向上という大きな目的を持っています。もちろんそれだけではないですが、クラブの存在意義はそこにある場合が多いものです。

一流のトーナメンターを抱える釣りクラブは、会員の平均的な技術レベルも高い場合が多く、皆で切磋琢磨しながら腕を磨きます。トーナメントを志す釣り人にとっては憧れのクラブにもなります。全国大会ともなれば、仲間同士で選手の応援に駆け付ける姿もよく目にします。そこにはスポーツの世界のようなチームワークが見受けられます。

一方、渓流釣りにおける釣り大会は、ほとんどが成魚を放流して釣らせたり、管理釣り場を会場としたもので、天然・野生魚ねらいの大会はごく希にしか行なわれません。一定範囲に大勢が入って釣果を競い合う釣り大会は、物音や影などに敏感な渓魚が相手では成立しづらいからです。

そのような中で、渓流釣りのクラブはどんな目的と意義をもっているのでしょうか。

たとえば大会に出場しなくても、技術の向上という面での存在意義は大きなものがあります。タックル選びから釣り方まで、熟練の腕達者がいる会では適切な指導がなされていることでしょう。クラブが持つ情報量も半端ではありませんから、これから渓流釣りを始めようとする人や、初心者が教えを請うには最適です。

もう1つ、渓流釣りのクラブの特徴として自然派志向の釣り人の集まりが多いということがいえると思います。釣りをするだけではなく、渓魚の生態について勉強したり、渓魚を増やすにはどうしたらよいか、渓魚の棲む渓流を守るためにはどうしたらよいかなどを考え、実際に独自の活動を行なっているところもあります。これは、技術以外にも得るものがあるということです。

そんなクラブの看板を背負って釣りをすることが自信になる一方で、模範たる釣り人でなければならないというよい意味でのプレッシャーを、クラブは与えてくれます。

あなたが人と交わることが嫌いでなければ、ぜひとも釣りクラブに入ることをお勧めします。きっとあなたの渓流釣り人生に役立つことが多いと思います。

今一度、渓魚たちについて

生態的な補足等

渓流釣りの対象として登場するヤマメ、アマゴ、イワナといった日本在来の渓魚たち。そして今や管理釣り場の定番となったニジマスの釣魚としての特徴についてはすでに触れてきました。ここではその生態について少し探ってみたいと思います。

ヤマメ、アマゴ

ヤマメとアマゴは非常によく似た魚です。お互い遠い過去に陸封された歴史を持ち、サケ・マス類の幼魚期の特徴であるパーマークを身にまとったまま成長・成熟します。分類上はいずれもサケ科に属します。

外観上両者を区別する唯一の違いは、アマゴの体側には朱点があり、ヤマメにはそれがないことです。

本来の生息域を見ると、アマゴが神奈川県酒匂川の右岸側以西の太平洋側と四国全域、大分県大野川以北の九州瀬戸内海側の河川。それ以外の地域・河川にはヤマメが生息するとされています。この分布境界線を、大島曲線と呼びます。もっとも、最近は放流によってこの生息分布が乱れている例があります。

ヤマメやアマゴは秋に河川の上流や支流で産卵します。産卵場は淵尻のウケのようなところで、礫《れき》や砂利底に産卵床を掘って行ないます。産卵床に生みつけられた卵は冬場にかけて孵化します。

孵化した仔魚《しぎょ》は、水がぬるむ春先までの間は産卵床の中でじっとしています。やがて水温の上昇とともに浮上して活発にエサを追うようになり、1年後の翌秋には全長15㎝前後に成長します。エサの豊富な本流域へ出た個体の中には、1年で20㎝前後まで成長するものもいます。そのうちの一部がヤマメではヒカリ、アマゴではシラメなどと呼ばれるウロコが銀色に光る状態になります。これを銀毛化といい、淡水で生活していた渓魚が海へと降りる準備です。

ヤマメは孵化してから2年目の春に海へ降りて翌年の春まで、時にはさらに1年以上を海中で過ごしたものが、サクラマスとなって川に遡上します。アマゴは孵化して1年目の秋に海へ降りたものが、翌年の春にはサツキマスとなって遡上します。

ヤマメ（サクラマス）が1年以上の海中生活であるのに対して、アマゴ（サツキマス）は半年です。これは海水温の関係で違いが出るのだろうといわれ

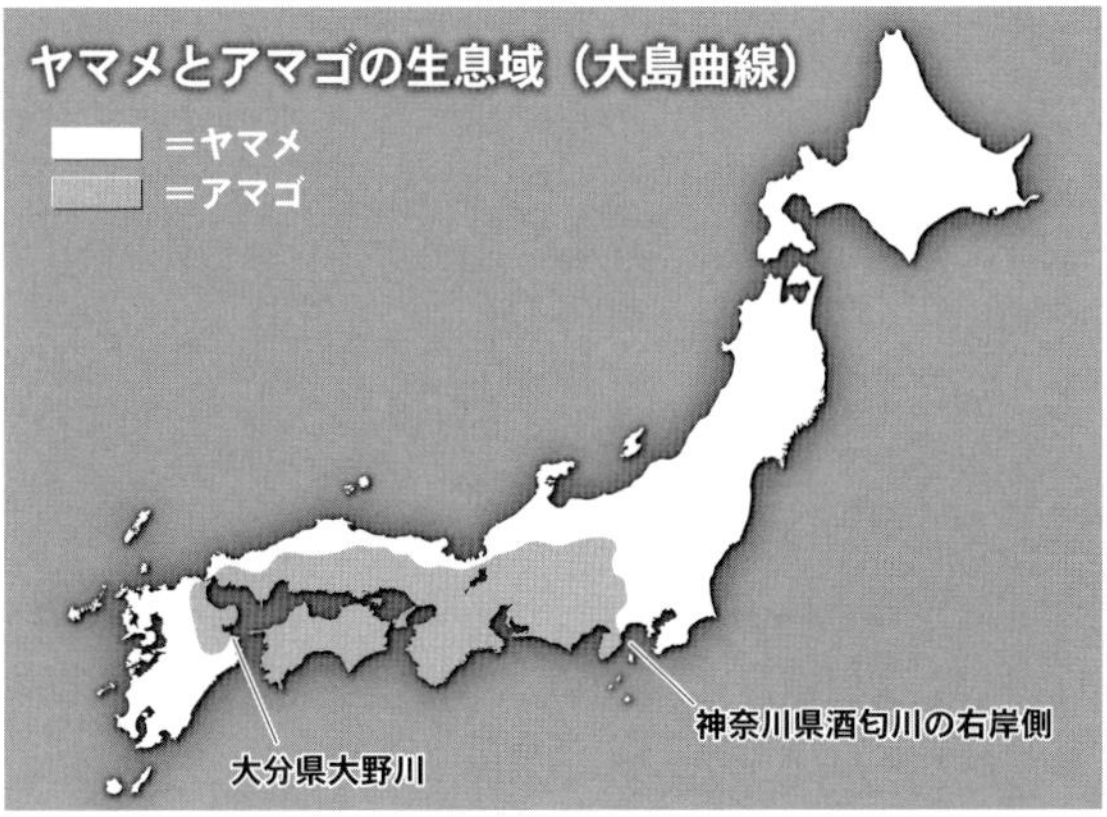
ヤマメとアマゴの生息域（大島曲線）
＝ヤマメ
＝アマゴ
大分県大野川
神奈川県酒匂川の右岸側

ヤマメ

シラメ
アマゴが銀毛化したもの

アマゴ

ています。サクラマスの魚体がサツキマスより大きくなるのは、この海中生活の長さの違いだともされています。

また、中には川を下ったものの、海まで行かずに途中まで降りてまた遡上してくる個体もいます。これらは釣り人の間では「モドリ」「ノボリ」などと呼ばれています。

ヤマメやアマゴは冷水性の魚です。一般に、年間を通じて水温が20℃以下の渓流域に生息するといわれていますが、その他の環境が整っていれば、それ以上に高い水温のところでも充分に生息が可能です。河川によっては、春先から夏場の水温が上昇するまでの間だけ下流域に姿を見せるところもあります。

イワナ

深山幽谷の主といわれるイワナですが、釣り人の目から見た釣魚としてはヤマメやアマゴの次くらいに位置しています。源流部に生息して一般の人の目に触れることが少ないので、幻の魚などともいわれます。

イワナはヤマメやアマゴと同じサケ科に属します。日本に生息するイワナは、北海道のオショロコマから降海型のアメマス、陸封型のイワナでもニッコウイワナやヤマトイワナ等々、形態や斑紋、生息域などによってさまざまな分類説が唱えられています。

一方で、人の手が加えられていないヤマトイワナが生息するとされる渓流で釣った個体がヤマトイワナの形態と異なることも多く、極端な例では同じ水系でも支流ごとに模様の特徴が違ったりします。そんなイワナですから、謎が謎を呼び、魚類学者をも悩ませる魚になっているのだと思います。

とはいえ、太古から河川の源流部に閉じ込められ、それぞれが独自に生きながらえてきたわけですから、川ごとに違っているのは当然といえば当然かもしれません。私も個人的にはイワナは川ごとに違っていていいと思いますし、それが当たり前だと思います。

最近は種苗生産や養殖も盛んに行なわれるようになり、イワナを放流する河川も増えています。しかしその血筋がはっきりしなかったりして、余計にややこしくなっています。場所によっては海外からの移入種であるブルックトラウトと交雑しているところもあるといいます。

深山幽谷の主ですから、できることならそうしたことからは、そっとしておいてやりたいと思うのは私だけではないと思います。

ニジマス

マスといえばニジマスを差すといっていいほど広く一般に知られている魚です。日本には19世紀末頃にアメリカから移入され始め、養殖魚として定着したとされています。釣堀や放流釣り場のマスもほとんどがニジマスですが、一部では自然繁殖しているところもあります。北海道もその1つで、オショロ

サツキマス

サクラマス

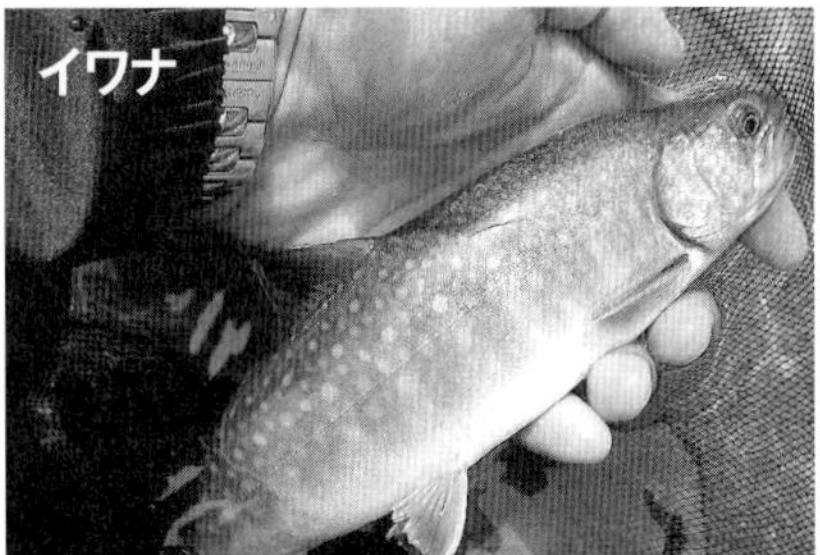
イワナ

ニジマス

コマの生息域に影響を与えている河川もあると聞きます。自然繁殖の可能性がある河川では、むやみな放流は慎みたい魚です。

釣魚としては釣りやすく、大型化するのでそれなりの釣趣はあります。しかし、日本在来の渓魚と比べると少し繊細さに欠けるのかな、と思います。管理釣り場で渓流釣りの練習に釣るにはよい魚かもしれません。

渓魚の増殖

限りある資源を繋いでいくための活動

河川、特にその上流から源流にかけての渓流域は閉鎖的な水域です。そんなところで闇雲に渓魚を漁獲するのは、資源の減少につながりかねません。

河川漁協には増殖が義務付けられています。どんな方法があるのでしょうか？　現在の主流は稚魚放流です。これが始まったのは昭和40年代に入ってからで、たとえばアマゴの場合、昭和40年に岐阜県で初めてアマゴの人工繁殖（完全養殖）に成功したのが始まりとされています。

以後、全国各地で盛んに在来渓魚の種苗生産が行なわれるようになり、現在では河川漁協に義務づけられている増殖手段の主流がこの稚魚放流です。

一方で、過去に放流された稚魚放流用の魚の系統がさまざまで、従来から生息する天然・野生魚と形態等が著しく異なるなどの現象が見られる河川も出てきました。放流魚も成熟すると親魚として産卵行動に加わります。かけ離れた形質の魚を放流すると、のちのち厄介なことになってしまうのです。

そんなわけで最近は漁協や釣り人サイドから種苗生産者へ要望しながら、地元河川産の親魚を使用した種苗生産も行なわれるようになってきました。

しかしほかにも問題はあって、放流魚の歩留まりもあまりよくないのが実情です。放流後の増水など、河川状況によっては歩留まり率が相当低い場合もあるようです。そのぶん多く放流すればよいことですが、種苗価格が1尾10数円もすることを考えると、もったいない話でもあります。

より自然に近い渓魚増殖のために

発眼卵の放流も行なわれています。採卵、受精した渓魚の卵は積算水温約300℃で発眼します（水温が10℃であれば30日）。この時期は持ち運びなどの衝撃に強く放流に適しており、その間に渓流へ運んで埋設放流します。孵化した稚魚はより長い間自然界で育つので、天然・野生に近い性質を持つ魚になる可能性も期待できます。

最近はよりネイティブな魚を増やしたいという考えから、天然・野生魚の自然繁殖を手助けする産卵場造成も積極的に行なわれつつあります。通常、渓流域では10月頃から渓魚の産卵が始まります。渓魚は小石や砂利底に産卵します。ところが河床が荒廃し、渓魚はいるけれど産卵に適した場所が少ないところが多くなっています。これ

より踏み込んだ渓魚の増殖活動の１つに産卵床の造成がある

発眼卵放流は、より自然に近い渓魚の育成が期待できる

広葉樹の植林事業。魚を守るには川を、川を守るには森を、そして、本来は海と川を行き来する渓魚をより広い視点で守り育むには海の自然を守ることも重要になってくる

稚魚放流の風景。バケツ1杯に相当な数の渓魚が。このうち何尾が大きくなって、命をつないでくれるだろう

はダムや砂防堰堤などの影響で、本来供給されるはずの土砂の流入が少なくなった河川に多く見受けられます。

そんなところへ産卵に必要な小石や砂利を入れて、人工の産卵場を作ってやるのが産卵場造成です。実際に産卵場を造成して数時間後には親魚がその場所へ来ていたこともあり、そんな時は非常にうれしいものです。

一方で造成したのにその場所ではなく、すぐ近くの別の場所で産卵することもあります。産卵場造成のコツは、産卵床にうまく水が伏流するように小石や砂利を敷いてやることのようです。渓魚の気持ちになって造ることが大切ということでしょうか。

さらに、間接的な、しかし将来的にはとても意味のある活動としては、広葉樹の植林などもあります。現在漁協を含む各組織が行なっているこの活動の多くは、一般の参加者も受け付けています。機会があったら参加されてみてはいかがでしょう。

渓魚を食する

釣り人に与えられた自然の恵みを美味しく味わうには

新鮮な天然魚を食すことができるのは、釣り人の特権です。特に天然・野生の渓魚は、決してスーパーや魚屋さんで買えるものではありません。鮮魚売り場に並んでいたとしても、まず養殖魚です。

そんな渓魚を釣って家族のお土産にする。せっかくの貴重な魚ですから美味しく食べてもらいたいものです。私の渓魚の食べ方を少し説明します。

解けた氷水が直接触れないように冷やす

釣りを終えて帰り仕度をする前に腹を抜きます。渓魚は足が早い（鮮度が落ちやすい）ので、現場で下処理をします。渓魚の肛門からナイフを入れ、胸に向かって腹を割きます。この時注意するのは、渓魚のアゴまで割いてしまわないことです。後々の見栄えが悪くなります。

腹を割いたら内臓をきれいに取り出します。背骨近くの血合いと呼ぶ魚の腎臓部分は、指先できれいにこそぎ落とします。これが残ると生臭さのもとになります。エラを取るとよいという話も聞きますが、そのためにアゴを切ってしまうと格好が悪いので私は取りません。

腹を割いた魚は、ジップロックなどの保存用袋に入れて空気を閉め出してから、保冷剤か氷とともにクーラーボックスに収納します。この時、氷が解けた水が直接魚に触れないことが大切です。水が入ると魚がふやけて、ブクブクになってしまいます。そのためにビニール袋で密封するのです。アユに氷は効くがアマゴには効かないといわれる所以です。

自宅へ持ち帰った魚は、その日に調理できない場合は冷凍庫に入れて保存します。

塩焼き―理想は炭火の立て焼き

一般的な食べ方ですが、小ぶりな魚は煮付けか甘露煮、大型は塩焼きでいただきます。小さいのは唐揚げもよいです。

まずは塩焼きです。串を打って塩を振ります。ヒレには焦げ落ち防止にたっぷりと塩を付け、体には少々の塩を振ります。できれば炭火で魚を立て焼きするのが理想的ですが、フィッシュロースターやガスレンジでもOKです。炭の場合は強火の遠火が基本です。ガスレンジは弱火で時間をかけてじっくり

炭火で焼く渓魚の塩焼き。釣り人に許された最高の特権

と焼きます。

焼き上がりの目安は、魚がキツネ色になるかならないか程度。炭火の立て焼きの場合、30分から大型の魚では1時間ほど要してじっくりと焼き上げます。魚が焼けたら粗熱を飛ばしてから食します。最高の贅沢です。

骨まで食べられる甘露煮

次に甘露煮です。まず渓魚を素焼きにします。これも見栄えをよくするには串を打って焼きます。焼き加減は水分を飛ばす程度です。焼いた魚は、新聞紙かキッチンペーパーの上に広げて熱を冷まします。冷え切ったら鍋に入れ、魚が隠れるまで酒を注ぎ、落とし蓋をします。アルミホイルに穴をあけて代用してもOKです。一度煮立たせてからトロ火で30分程度煮て、火を止めてそのまま冷まします。

翌日もう一度火にかけて煮立たせます。酒が減っていたら魚が隠れるくらいまで注ぎ足します。ここでもトロ火で30分程度煮ます。そしてまた次の日、ここで味付けです。腹を出した状態で1kgの魚に対して醤油0・5、砂糖0・7カップくらいを目安に入れ、沸き立ったらトロ火でじっくり煮ます。煮汁が少なくなったらみりんを少々入れて仕上げます。

完全に冷えたら鍋から取り出します。骨まで食べられる甘露煮の完成です。味の塩梅は、好みで醤油と砂糖の量を調整しましょう。

釣り人はサオの手入れを怠らない

快適な釣行は「後片付け」の出来・不出来で決まる

最近のサオは仕上げがよく塗装がはがれることはまずありませんが、濡れて砂利がついた状態で使い続けると傷が付いたり塗装が傷み、サオの寿命を縮めます。釣行から帰ったらすぐに手入れをするクセをつけましょう。

まずサオの尻栓を外して各継を抜きます。砂が入り込んでいたら水道水で洗います。そして乾いたタオルかティッシュで1本ずつ表面を拭きます。次にサオの内側にティッシュを適当にちぎって詰め、細い棒などで押し出して掃除します。雨で濡れた時などは内側も砂が付いていることがあるので必ず行ないます。湿気が残っている時は一晩置き、乾燥させてから仕舞います。

ていねいに掃除できない時でも水洗いをするクセをつけましょう。ただし、よほどひどく砂を噛んだ時以外は川で洗わないこと。川の水は舞い上がった砂等が含まれていることが多く、かえってサオを傷つけかねません。

サオは釣り人にとって武士の刀と同じです。気持ちよく使えるためにも手入れを怠らないようにしましょう。

タックルは1ヵ所に仕舞う

その他のタックルも手入れを怠らないように。ウエーダーは吊るしてよく乾燥させます。ひどい汚れはタワシで軽くこすって落とします。ベストは中身を確認して、オモリやハリなど足りないものは補充しておきます。

エサ入れはよく洗わないと、中にくっついたエサの残りが腐って悪臭を放ちます。そのため少なくとも川を上がる時に一度ザッと洗います。

手入れがすんだらサオ以外のタックルをチェックしてまとめておきます。バラバラに置くと、次の釣行で忘れ物が出ます。何か1つでも忘れると釣りが成り立たなくなることがあります。必ずサッと出発できるようにしておきましょう。ただしサオだけは別に床の間等で保管するように。何せ武士の刀と同じですから。

自宅に帰った時から次の釣行は始まっている。サオや道具の手入れは怠りなく

渓流釣り用語集

●あ

【朝マヅメ】夜明け直後からの一時。渓魚の警戒心も薄く、釣りやすい時間帯といえる。タマヅメとともに渓流釣りのゴールデン・タイム。

【アタリ】魚が仕掛けに付けたエサをくわえた時、目印に起きる変化。渓流釣りではアタリが出たら即アワセが基本。

【アプローチ】ポイントへ近づくこと、あるいは近づく方法。アプローチの善し悪しが釣果に影響する。

【アマゴ】神奈川県酒匂川の右岸側以西の太平洋側と四国全域、大分県大野川以北の九州瀬戸内海側の河川に生息するサケ科サケ属の魚類。体側にある朱点によってヤマメと区別する。

【アメマス】北海道から北関東にかけて生息するといわれるイワナで、降海型のイワナとして知られるが河川に残留するものもある。

【荒瀬】速い流速で波立って流れる、強い流れの瀬。

【アワセ】仕掛けを流している最中、アタリが出たらサオを操作してエサをくわえた魚をハリ掛かりさせる動作。

【イトフケ】仕掛けを流す際、水流などでイトが袋状になって流れるようす。表層の流れが速いほどイトフケは大きくなる。

【イワナ】中国地方以北に生息し、一般に河川の最上流部を住処としているサケ科イワナ属の魚類。その形態や生態、生息域の違いなどから、アメマス、ニッコウイワナ、ヤマトイワナなどに分けられるが、見解はさまざまで同じ系統のイワナであっても形態が流域ごとに微妙に違ったりする。個人的には、イワナはイワナでよいと思う。

【ウエーダー】釣り用の胴付き長靴の総称。素材はクロロプレンやナイロン、ゴアテックスなどさまざまで、靴底には滑り止めのフェルトやフェルトにスパイクを埋め込んだものがある。身体にフィットするように作られたものはスリムウエーダーという。

【ウケ（受け）】川の流れが石やカケアガリなど川底の変化に当たる部分。水障部のこと。渓魚が付く場所を捜すうえでウケは重要なポイントとなる。

【エグレ】水中部分で岩盤などの一部が掘れ込んでいるところ。魚の隠れ場所となっていることが多い。

【オショロコマ】北海道に生息するイワナの一種。降海型もあるが、北海道に生息するものはほとんどが河川残留型とされている。

【落ち込み】川の流れのうち、河床の落差によって流れが落下するところ。淵や段々瀬に見られ、落差の大きなものが滝となる。

【男波】川の流れを縦方向に見た時、川底へ向って落ち込む流れと、落ち込んだ流れが障害物やウケがあることによって水面へ吹き上がる流れがある。この吹き上がる流れを男波という。また、流心の盛り上がって流れる部分を男波ということもある。

【オモリ・ワーク】流れの速さや水深に合ったオモリの選択術のこと。ポイントに合ったマメなオモリ交換が釣果につながる。

●か

【川虫】水生昆虫の幼虫の総称。渓流釣りで最もポピュラーかつ効果のあるエサといえる。

【ガン玉】イトを割れ目に挟み、閉じて固定する小型の球型オモリの総称。

【管理釣り場】止水や川の一部区域に設定され、成魚を放流して釣らせる釣り場。通常の遊漁料とは別に料金を支払うシステムになっている。特設釣り場ともいう。

【キャッチ&リリース】一度釣った魚を再

放流すること。フライフィッシングでは定着しているが、エサ釣りでは未だ一般的ではない。

【食い波】渓魚が付いていて食ってくる流れのこと。

●さ

【サクラマス】ヤマメの降海型。孵化した翌春に海へ下り、1～2年の海中生活を経て生れた川へ遡上する。

【サツキマス】アマゴの降海型。孵化した翌秋に海へ下り、約半年の海中生活を経て生れた川へ遡上する。サクラマスと比べて海中生活の期間が半分以下と短い。そのため遡上時の魚体はサクラマスより小さいものが多い。

【サビ】秋の産卵期が近づき、渓魚の体色が黒ずんでくるようすをいう。サビは翌春エサを飽食する頃になると消えて渓魚本来の姿に戻る。

【ザラ瀬】水深が浅く、単調に流れる瀬を差す。一見変化が少ない流れでも、わずかな流速や水深の変化が渓流釣りのポイントになるので要チェックの流れといえる。

【シラメ】アマゴの銀毛化した個体。渓魚の銀毛化は海中生活に魚体を適応させるための変化であり、ウロコにグアニンと呼ばれる色素が沈着しているのだという。降海するための準備が銀毛化である。

【スレ（る）】魚が何度も釣り人にねらわれて警戒心が強くなり、釣りにくくなっている状態。

【遡行】渓流を上流へと釣り歩くこと。

【底波】川底近くの流れ。一般に渓魚が付くのは底波であり、渓流釣りでは仕掛けを底波に入れて流すことが重要となる。

●た

【タックル】釣り道具のこと。

【段々瀬】段々状に流れ下る瀬。

【稚魚放流】魚の増殖手段の1つ。渓魚の場合は体重が3～5g程度の稚魚を放流する。

【定位】渓魚が流下するエサを待ち構えて、川の流れのある一点に留まること。渓魚が定位する場所は、流れの揉み合わせやウケの場合が多い。

【鉄砲水】川が急激に増水すること。上流部で急な夕立や豪雨があると、一気に川の水位が増えて流されたり、中州に取り残されたりすることがある。上流の雲行きが怪しくなったら要注意。

【トロ】ある程度の水深があり、水面が穏やかで流速もあまり速くない流れ。トロでは川底の変化がポイントとなる。

●な

【波目】流れが周りと比べて微妙に変化している部分。荒瀬の中にわずかにできる流れの静かな部分をいう場合が多い。

【ニジマス】養殖用にアメリカから持ち込まれたサケ科の外来魚。養殖のマスといえばこのニジマスをさすほどである。管理釣り場などに放流され、自然河川にも一部で定着している。渓流釣りの対象魚としては釣りやすい魚である。

【ニッコウイワナ】鳥取県以北の本州に生息するイワナ。背中に白い斑点があることでヤマトイワナと区別されている。河川によって微妙に形態が違ったりするのはイワナの特徴ともいえる。

【ノボリ】遡上期の渓魚のこと。ノボリ、あるいはノボリヤマメ、ノボリアマゴなどということもある。サクラマスやサツキマスも含めてノボリという場合もあるが、一般には海まで降りずに遡上してくる個体をいう場合が多い。

●は

【パーマーク】サケ科魚類の幼魚期に体側に現われる小判型の斑紋。ヤマメやアマゴの場合は成長してもパーマークが消えない。このことは本来海まで下っていた祖先が、遠い過去において陸封されたことを物語っている。

【発眼卵】渓魚の受精卵が発生する過程で、卵の中に将来渓魚の眼となる部分が黒点のように見える時期の卵をいう。

【バックウオーター】ダム湖への流れ込み部分。水深にもよるが規模がさほど大きくなければ渓流釣りの好ポイントとなる場合がある。

【バラシ】ハリ掛かりさせた魚を取り逃がすこと。バラシの原因はアワセのタイミングが悪かったり、ハリ先が傷んでいたり、イトが傷ついていたりとさまざま。

【ヒカリ】ヤマメの銀毛化した個体。

【フィールドテスター】釣り具メーカーとの契約等により、釣り具開発に際してフィールドでの実釣テストや広報活動、一般の釣り人への技術指導などを行なう人たち。

【フカセ（る）】仕掛けを流れのままに流すこと。オモリを小さくして仕掛けを流れに馴染ませるのがコツ。

【淵】水深がある大きな溜まり状の流れ。規模の大小にもよるが魚影が多いポイントである。

【フライフィッシング】リールを伴う西洋式毛バリ釣り。

【振り込み】仕掛けをポイントへ投入するための動作。

【ブルックトラウト】ニジマス同様アメリカから移入された外来魚。湖沼におけるルアーやフライのターゲットとして人気がある一方で、一部在来イワナとの交雑が問題となっているところもある。

【ポイント】渓魚を釣る場所を絞り込んでポイントという。一般的にはポイント＝渓魚が付く流れといえる。

●ま

【巻き返し】反転流のこと。流心の際にできる流れで、流心から分かれた流れがふたたび流心へと合流する動きの流れをいう。

【女波（めなみ）】川の流れを縦方向に見た時、川底へ向かって落ち込む流れと、落ち込んだ流れが障害物やウケがあることによって水面へ吹き上がる流れがある。川底へ向かって落ち込む流れを女波という。また、水面が静かな流れを女波ということもある。女波は仕掛けが入れやすい流れでもある。

【モドリ（ヤマメ）】ノボリと同じ。

【揉み合わせ】流れが揉み合わさるところ。流れの集束部を差し、流下するエサも集まりやすいことから渓魚が定位するための重要な流れの1つである。

●や

【ヤマトイワナ】本州中部の太平洋側に注ぐ河川を中心とする源流部に生息するイワナ。背中に斑点がなく、体側には朱色の斑点があるとされるが、これも生息河川によって微妙に異なる。

【ヤマメ】北海道以南九州までの、アマゴの生息域以外に生息するサケ科魚類の代表的な渓魚。ヤマメにはアマゴに見られる体側の朱点がない。

【タマヅメ】日没間際の一時。日中は警戒心が強かった渓魚が盛んにエサを食むことがあり、朝マヅメ同様、ゴールデン・タイムとなり得る時間帯。

【雪代《ゆきしろ》】川に流入した雪解け水。春先、水温の上昇とともに雪解けが進み川の水位が上がるようすを「雪代が入る」という。渓の水は青白い薄濁りとなり、水温が低下するため渓魚の活性が落ちることもある。

●ら

【流心】川の流れを横断して見た時に流速が最も速く、流量が最も多い部分。

【リリース】一度釣った魚を放流すること。キャッチ&リリースと同意語。

著者プロフィール

白滝治郎（しらたき・じろう）

1958年1月4日生まれ。岐阜県郡上市在住。小学校へ上がった年、職漁経験を持つ父賢司に教えを請い、自宅近くの長良川支流でアマゴを釣って以来、渓流釣りにハマる。
伝統の郡上釣りによって培われた技術を伝承する釣り人の一人。現在は郡上釣りを進化させ細イトを使用して釣果を上げるテクニカル・チューン釣法を提唱する。２月の渓流釣り解禁から釣行が始まり、サツキマス釣り、アユ釣りと10月いっぱいまで川に入り浸る。
著作『渓流釣りがある日突然上手くなる』（つり人社）のほか、月刊『つり人』誌上での渓流釣りのグラビア記事など、釣技の解説に努めている。
郡上漁業協同組合参事、DAIWAフィールドテスター、NPO法人長良川友釣り普及振興会理事長、中部銀影会会長。

渓流《けいりゅう》釣《つ》り入門《にゅうもん》

2013年4月1日発行

著　者　白滝《しらたき》治郎《じろう》
発行者　鈴木康友
発行所　株式会社つり人社

〒101-8408　東京都千代田区神田神保町1-30-13
TEL 03-3294-0781（営業部）
TEL 03-3294-0766（編集部）
振替 00110－7－70582
印刷・製本　大日本印刷株式会社

乱丁、落丁などありましたらお取り替えいたします。

ISBN978-4-86447-031-5 C2075
つり人社ホームページ　http://www.tsuribito.co.jp